Reclams Städteführer München

Reclams Städteführer Architektur und Kunst

München

Von Elisabeth Wünsche-Werdehausen

Mit 23 Abbildungen, 3 Plänen und 4 Karten

Reclam

RECLAMS UNIVERSAL-BIBLIOTHEK Nr. 19394

Umschlagabbildung: *Lenbachhaus* – © Wikimedia Commons / Guido Radig
Gesamtherstellung: Reclam, Ditzingen. Printed in Germany 2016
RECLAM, UNIVERSAL-BIBLIOTHEK und
RECLAMS UNIVERSAL-BIBLIOTHEK sind eingetragene Marken der Philipp Reclam jun. GmbH & Co. KG, Stuttgart
ISBN 978-3-15-019394-5
www.reclam.de

Inhalt

Anhang

München – die bayerische Weltstadt

»Deutsches Rom«, »nördlichste Stadt Italiens«, »Isar-Athen«, »Kunststadt«, »Hauptstadt der Bewegung«, »Millionendorf«, »Weltstadt mit Herz«, »heimliche Hauptstadt Deutschlands« – München ist im Lauf der Geschichte mit vielen Titeln bedacht worden. Die Türme der Frauenkirche, prachtvolle Barockschlösser und -kirchen, klassizistische Straßen und Plätze, »Der Blaue Reiter«, die Wittelsbacher, NS-Zeit, die Olympischen Spiele von 1972, BMW und Siemens, der FC Bayern München, Biergärten, das Hofbräuhaus und das Oktoberfest, bedeutende Museen und großartiges Musikleben, Föhn und Alpenkulisse, Englischer Garten, Schwabing – jeder verbindet etwas anderes mit München. All diese unterschiedlichen Aspekte machen die Stadt heute zu einer der beliebtesten Metropolen Europas.

Als Gründungsdatum Münchens gilt das Jahr 1158, als Kaiser Friedrich Barbarossa dem Welfenherzog Heinrich dem Löwen, seit 1156 auch Herzog von Bayern, die Verlegung einer Zollbrücke über die Isar zur kleinen Siedlung namens »Munichen« gestattete, allerdings mit der Auflage, ein Drittel der Zoll- und Münzeinnahmen an den Freisinger Bischof abzutreten. Wie bei seinen anderen Gründungen, etwa Lübeck oder Braunschweig, verfolgte Heinrich auch in München überregionale Handelsinteressen, indem er die Stadt an der Salzstraße von Bad Reichenhall nach Augsburg anlegte und damit die wirtschaftliche Grundlage der Bewohner sicherstellte. Noch heute ist diese ehemalige Salzstraße mit zentralem Marktplatz im Stadtgrundriss am Marienplatz und am Straßenzug Tal – Kaufingerstraße – Neuhauserstraße ablesbar. Auch die erste Pfarrkirche St. Peter blieb für alle Zeiten auf der kleinen Anhöhe des Petersbergls.

Erst nachdem Kaiser Friedrich Barbarossa 1180 Otto von

Wittelsbach zum Herzog von Bayern bestimmt hatte und München 1255 zur Haupt- und Residenzstadt von Oberbayern und der Rheinpfalz aufgestiegen war, trat neben das Handel treibende Bürgertum eine zweite Macht, die Wittelsbacher Herzöge, eine Polarität, die mit wechselnder Gewichtung bis zum Ende der Monarchie 1918 charakteristisch für München bleiben sollte. Mit der Errichtung der ersten Burg 1255, heute der Alte Hof, machten die Herzöge ihre Stellung in der Stadt deutlich. Wie viele andere europäische Städte war München Anfang des 14. Jh.s schon so stark gewachsen, dass der Bau einer zweiten Pfarrkirche – Zu Unserer Lieben Frau, heute der Dom – und einer erweiterten Stadtmauer begonnen wurde. Der steigende Wohlstand der Kaufleute manifestierte sich politisch in der ersten Stadtverfassung von 1294: Zwölf Ratsherren stellten die Regierung, die allerdings nicht unabhängig vom Herzog handeln konnte.

Unter Herzog Ludwig IV. (1294–1347), ab 1314 zugleich Deutscher König und ab 1328 Kaiser, entfaltete sich München zum geistigen und politischen Zentrum des Heiligen Römischen Reichs. Zusammen mit den berühmten Gelehrten seines Hofs bezog der Kaiser Position gegen die andere große Macht der Zeit, den Papst. In der Kapelle des Alten Hofs, nun Reichsresidenz, wurde der Reichsschatz mit den Throninsignien aufbewahrt (heute in Wien). Schwarz-Gold, die Farben des Reichs, wurden auch die Farben der Stadt, und sind es bis heute. Mit dem Salzhandelsmonopol von 1322 verhalf der Kaiser der kaufmännischen Bürgerschaft zu hohen Einnahmen. Als erster Wittelsbacher Herrscher nahm er direkten Einfluss auf die Stadtgestalt. Eine der ältesten Bauvorschriften Europas bestimmte, anstelle der bisherigen Holzhäuser Gebäude aus Ziegel und Stein zu errichten und den Hauptplatz von Bauten für den Markt frei zu halten. Die 1315 fertiggestellte Stadtmauer mit den vier Stadttoren (drei davon sind heute erhalten), die entlang des heutigen Altstadtrings verlief, umschloss ein so weiträumiges Gebiet, dass der Platz bis Anfang des 19. Jh.s ausreichte.

Ende des 14. Jh.s kam es zu Machtkämpfen innerhalb der Bürgerschaft, die unglücklicherweise mit Erbfolgestreitigkeiten bei den Wittelsbachern zusammenfielen. In dieser Krisenzeit legten die Herzöge am Stadtrand eine befestigte Burg an, die Neuveste, der Kern der späteren Residenz. Nachdem die Bürger sich 1403 mit Herzog Ernst auf eine neue, bis 1800 gültige Gemeindeverfassung geeinigt hatten, die eine Regierungsbeteiligung der Zünfte vorsah, erlebte München in der zweiten Hälfte des 15. Jh.s eine kulturelle Blütezeit. Neben dem Salzhandel bescherte das Geschäft mit Luxuswaren aus Venedig, etwa Gewürzen und Seide, der Bürgerschaft großen Reichtum. Das machtpolitische Gleichgewicht zwischen den Herzögen und der Bürgervertretung zeigte sich auch in den bedeutendsten gotischen Bauwerken Münchens: Die 1494 geweihte neue Frauenkirche war nicht nur die Stadtpfarrkirche der Kaufleute, sondern auch die Grabkirche der Wittelsbacher Herzöge. Das 1470–80 erbaute Rathaus war nicht nur Regierungs- und Verwaltungssitz, sondern auch »Tanzhaus« für gesellschaftliche Veranstaltungen, bei denen sich Bürgertum und Adel ganz selbstverständlich begegneten.

Aber dieses Gleichgewicht verschob sich ab dem 16. Jh. immer mehr zugunsten des Herrschers und seines Hofs. Denn nach erneuten Erbfolgestreitigkeiten im Hause Wittelsbach erließ Albrecht IV. (1467–1508) 1506 das Primogeniturgesetz: Das Land sollte künftig nicht mehr geteilt, sondern allein vom männlichen Erstgeborenen regiert werden. Damit wurde München Haupt- und Residenzstadt von Ober- und Niederbayern und verwandelte sich allmählich von einer mittelalterlichen Bürgerstadt zu einer fürstlichen Residenzstadt, in der die Herzöge und ihr Hof politisch und kulturell den Ton angaben. Den allmählichen Abstieg des Bürgertums förderte die Aufhebung des Salzmonopols 1587, das sich Herzog Wilhelm V. (1579–97) zu eigen machte, um seine strapazierten Finanzen zu sanieren. Nach dem Vorbild des Mäzenatentums italienischer Fürsten, allen voran den Medici in Florenz, förderten die Herzöge im 16. Jh. eine humanistisch geprägte Renaissancekunst. Sie begannen mit dem Ausbau der Residenz zu einem repräsentativen Komplex, der nicht mehr wie eine Trutzburg befestigt war, und legten sich eine Kunstsammlung und eine Bibliothek zu, beides unverzichtbare Statussymbole für einen neuzeitlichen Herrscher. Im Dienst des Hofes standen mehrere in Italien geschulte niederländische Künstler, die München vor allem zu einem Zentrum der großformatigen Bronzeplastik von europäischem Rang machten. Unter dem Komponisten Orlando di Lasso erwarb sich auch die Hofkapelle großen Ruhm.

In den religiösen Auseinandersetzungen des 16. Jh.s schlugen sich die Herzöge auf die Seite des Kaisers und des Papstes und bezogen Position gegen Luther: Bayern wurde im 16. Jh. zu einer Hochburg des Katholizismus, München ein »deutsches Rom«. Als sichtbares Zeichen der Glaubensverteidigung ließ Wilhelm V. 1583–97 den gigantischen Komplex der Michaelskirche mit dem angrenzenden Kolleg für die Jesuiten erbauen. Als sein Sohn Maximilian I. (1597–1651) dank seiner konsequent katholischen Politik 1623 zum Kurfürsten aufstieg, wurde der bayerische Herrscher zum mächtigsten Mann in Europa neben dem Kaiser. Der höhere Status zeigte sich im Ausbau der Residenz zu einer der prächtigsten Schlossanlagen der Zeit. Die Stadtregierung, inzwischen fast entmachtet, und die Bevölkerung hatten sich der harten Regierung Maximilians zu beugen.

Nachdem die Schrecken des Dreißigjährigen Kriegs (1618–48) überwunden waren, nahm erstmals eine Frau maßgeblichen Einfluss auf die künstlerische Situation des Münchner Hofs. Die Gemahlin des Kurfürsten Ferdinand Maria brachte den italienischen Barock aus ihrer Heimatstadt Turin mit und ebnete damit den Weg für die fruchtbarste Epoche süddeutscher Kunst, den »bayerischen Barock«, der das Land im 18. Jh. bis in den hintersten Winkel prägen sollte. Prinzessin Henriette Adelaide aus dem altehrwürdigen Geschlecht der Savoyer ließ Architekten, Maler, Dichter, Komponisten und Bühnenbildner aus Italien kommen, um die erste Barockkirche Deutschlands, die Theatinerkirche, und das Nymphenburger Schloss sowie ein Opernhaus (zerstört) zu bauen, italienische Opern und Ballette aufzuführen und glanzvolle Feste bei Hofe zu feiern.

Die erst Hälfte des 18. Jh.s war von den Großmachtträumen der Kurfürsten Max Emanuel (1679–1726) und Karl Albrecht (1726–45) bestimmt – mit den entsprechenden Folgen für Politik und Kunst. Max Emanuel erlangte zwar als erfolgreicher Feldherr, der Wien und Belgrad an der Seite des Kaisers von den Türken befreit hatte, europaweiten Ruhm, musste aber aufgrund einer Niederlage im Spanischen Erbfolgekrieg 1704 für zehn Jahre ins Exil nach Frankreich. Bayern war von den Österreichern besetzt. Sein Nachfolger Karl Albrecht machte sich Hoffnungen auf die Kaiserkrone des Heiligen Römischen Reichs, die er 1742 auch für drei Jahre erhielt – bis die Österreicher erneut einrückten. Noch bevor die hochgesteckten politischen Ziele überhaupt erreicht waren, versuchten beide Kurfürsten, ihre Ranganspruche durch Erweiterungsbauten in Schloss Nymphenburg, den gigantischen Neubau von Schloss Schleißheim und Umgestaltungen in der Residenz deutlich zu machen: Im Zeitalter des Absolutismus dienten Kunst und Architektur dem Herrscher mehr als je zuvor als Mittel der Selbstdarstellung und Politik. Nicht mehr die italienische, sondern die französische Kunst des Rokoko galt nun als Vorbild.

Untrügliches Zeichen für die Vormachtstellung des Adels in der Stadt waren die zahlreichen Palais, die die alten Bürgerhäuser ersetzten.

Nach dem Tod des letzten bayerischen Wittelsbachers Max III. Joseph 1777 fiel Bayern an die pfälzische Nebenlinie der Dynastie. Bayern und die Kurpfalz waren jetzt zu einem Staatsgebiet vereint. Der neue Landesfürst Karl Theodor (1777–99) aus Mannheim trug seine Abneigung gegen Bayern offen zur Schau, aber auch die Münchner machten keinen Hehl aus ihrer Verachtung des ›fremden‹ Herrschers. Seinen Tod 1799 feierte die Bevölkerung wie ein Fest, obwohl Karl Theodor der Stadt den Englischen Garten, den ersten Volkspark Europas, die Niederlegung des Befestigungsgürtels und die erste Stadterweiterung sowie das erste öffentliche Gemäldemuseum, den Vorläufer der Alten Pinakothek, beschert hatte. Unter seiner Regierung war München zu einer weltoffenen Residenzstadt geworden.

1806 wurde ein neues Kapitel der bayerischen Geschichte aufgeschlagen: Nachdem Napoleon Bayern zum Königreich erhoben hatte, das nun auch schwäbische, fränkische und pfälzische Gebiete umfasste, wurde München königliche Hauptstadt. Der erste bayerische König Max I. Joseph (1806–25) aus der zweiten wittelsbachschen Nebenlinie Pfalz-Zweibrücken schuf mit seinem Minister Maximilian Graf von Montgelas die Grundlagen des modernen bayerischen Staats. Auf den genialen Staatsmann und Reformer gehen die bayerische Verfassung von 1818, die die Macht des Königs beschränkte und ihm ein Parlament, den bayerischen Landtag, zur Seite stellte, sowie die Säkularisation, die Auflösung der mittlerweile als unnütz erachteten Klöster, zurück. Die reichen Kunst- und Bücherschätze der Klöster, die damals an den Staat fielen, trugen nicht unwesentlich zum Ruhm Münchens als Kunststadt mit einer der größten und wertvollsten Bücher- und Handschriftensammlungen in Deutschland (heute Bayerische Staatsbibliothek) bei. In der Regierungszeit von Max I. Joseph erfolgte die erste groß angelegte Stadterweiterung, die nach ihm benannte Maxvorstadt nördlich des alten Stadtkerns.

König Ludwig I. (1825–48), ein Liebhaber vor allem der Antike und der italienischen Renaissance, machte München zur Stadt des Klassizismus, die sie bis heute geblieben ist. Es gab im frühen 19. Jh. keinen zweiten Monarchen, der, gemessen an der Größe seines Landes, so viel baute und so viele Kunstwerke kaufte wie Ludwig. Nicht umsonst ist der König bis heute vor allem als Kunstmäzen in Erinnerung geblieben. Wenn Bayern trotz seiner Erhebung zum Königreich schon nicht politisch und militärisch mit der aufstrebenden Großmacht Preußen Schritt halten konnte, dann sollte es wenigstens kulturell eine Führungsrolle in Europa übernehmen. Die Liste seiner Bauunternehmungen reicht von den Museumsgründungen Glyptothek, Alte und Neue Pinakothek und der Ludwigstraße, dem Königsplatz, der Residenz bis hin zu mehreren Kirchenbauten. Schon zu Lebzeiten wurde allerdings auch Kritik an Ludwigs intensiver Kunstförderung laut, da sie, so der Vorwurf, nicht dem Wohl des Volkes diene und die Staatskasse zu sehr belaste. Ludwig ließ sich nicht beirren – ebenso wenig wie er sich von seinen immer weniger liberalen politischen Ansichten abbringen ließ. Die Bürgerrevolution von 1848, der Unmut der Bevölkerung, die mehr Freiheiten forderte, und nicht zuletzt auch die Liebesaffäre mit der Tänzerin Lola Montez zwangen Ludwig zum Rücktritt zugunsten seines Sohnes.

König Max II. (1848–64) knüpfte mit der Anlage der Maximilianstraße, dem Hochbegabteninstitut Maximilianeum, dem Glaspalast und dem Bayerischen Nationalmuseum an das Mäzenatentum seines Vaters an, verband mit diesen Projekten aber auch den Gedanken der Volkserziehung und der Förderung von Industrie und Gewerbe. Ungewöhnlich für einen

Joseph Karl Stieler, *König Ludwig I.*; Alte Pinakothek

König war das intensive Interesse an den Geistes- und Naturwissenschaften. Die Berufung vieler außerbayerischer Gelehrter, der sogenannten »Nordlichter« an die Universität, brachte ihm zwar viel Kritik ein, bereitete aber den Weg für Münchens Aufstieg zur weltweit führenden Stadt der technischen Industrie, darunter das Unternehmen Carl von Lindes zur Herstellung von »Eis- und Kühlmaschinen«, die vor allem das damals blühende Brauereiwesen revolutionierten. Weltgeltung erlangten auch die Münchner Erzgießerei und die Lokomotivfabrik Maffei. Die Stadt war im Industriezeitalter angekommen.

Unterdessen hatte sich München wie viele andere Städte aufgrund des Bevölkerungszuwachses außerhalb des alten Kerns stetig erweitert, bis es um 1900 mit etwa 500 000 Einwohnern nach Berlin und Hamburg zur drittgrößten Stadt Deutschlands herangewachsen war. Die Entwicklung der neuen Vororte kontrollierte der Stadtentwicklungsplan mit Bauverordnungen des 1893 berufenen Architekten Theodor Fischer – eine der großen Leistungen deutscher Stadtplanung. Der ungeheure Zuzug von Menschen führte allerdings auch zu schwer lösbaren sozialen Problemen. Die Mieten stiegen extrem an, die ärmeren Bevölkerungsschichten lebten in katastrophalen, hygienisch bedenklichen Wohnverhältnissen: München galt als eine der ungesündesten Städte Deutschlands. Erst Max von Pettenkofer, Chemiker und Begründer der modernen wissenschaftlichen Hygiene, veranlasste eine Versorgung mit sauberem Quellwasser aus dem Alpenvorland und verwandelte München dadurch geradezu ins Gegenteil: zu einer der gesündesten Städte Deutschlands.

An dieser Entwicklung hatte König Ludwig II. (1864–86) wenig Anteil. Er machte sich als allzu großzügiger Förderer von Richard Wagner, mehr als Regierung und Bevölkerung akzeptieren konnten, einen Namen und ist heute aufgrund seiner prachtvollen Schlösser Neuschwanstein, Herrenchiemsee und Linderhof als »Märchenkönig« der wohl populärste bayerische Herrscher. Wegen zunehmender Schwierigkeiten mit seinen Ministern und dem Landtag und der Enttäuschung über die Gründung des Deutschen Reichs 1870/71 und des damit verbundenen Machtverlusts Bayerns kehrte er München den Rücken und zog sich auf seine Schlösser zurück. Schließlich erklärte man ihn für regierungsunfähig und entmündigte ihn. Sein bis heute nicht aufgeklärter Tod im Starnberger See 1886 hat neben den Schlössern wohl nicht unwesentlich zur Mystifizierung dieses Königs beigetragen.

In der Ära des Prinzregenten Luitpold, der 1886–1912 den regierungsunfähigen König Otto vertrat, erlebte München goldene Zeiten als Mekka der Künstler, Schriftsteller und Gelehrten. Die etablierte offizielle Kunstszene beherrschten der »Malerfürst« Franz von Lenbach und andere Maler der Münchner Kunstakademie sowie die Architekten, die einen pompösen, der Renaissance und dem Barock verpflichteten Stil vertraten. Dagegen opponierte Ende des 19. Jh.s eine Gruppe von Künstlern, darunter Franz von Stuck und Peter Behrens, die sich zur »Münchner Secession« zusammenschlossen und eine Öffnung zu den »grossen und modernen Strömungen« forderten. München wurde zur Wiege des Jugendstils in Deutschland, der sich vom großbürgerlichen Historismus zu befreien suchte und verstärkt auch Alltagsgegenstände in die künstlerische Gestaltung einbezog. Neben dem Satireblatt *Simplicissimus* erschien hier 1896 auch die Zeitschrift *Jugend*, die der Bewegung den Namen gab. Beide Publikationen machten die Kunststadt und ihr neues progressives Künstlerviertel Schwabing, das zugleich als »geistiger Zustand« gepriesen wurde, in der ganzen Welt bekannt. Dank der Maler Alexej von Jawlensky, Wassily Kandinsky, Paul Klee, August Macke und Franz Marc sowie der Malerin Gabriele Münter, die sich ab 1911 in der Vereinigung

»Der Blaue Reiter« zusammenfanden, schrieb München noch einmal Kunstgeschichte: Hier entstand die moderne abstrakte Kunst, die sich von allem Gegenständlichen befreite und sich, so Kandinsky, auf das »Geistige« konzentrierte.

Nach dem Ersten Weltkrieg war das Ende der Monarchie nicht mehr aufzuhalten. 1918 wurde die Republik ausgerufen, König Ludwig III. floh aus der Stadt, München war nicht mehr Residenzstadt, Bayern spielte politisch keine Rolle mehr. Das sollte sich bald ändern, als München eines der dunkelsten Kapitel seiner Geschichte erlebte: München wurde zur Geburtsstadt des Nationalsozialismus. Hier gründete Adolf Hitler 1921 die NSDAP und unternahm 1923 einen Putschversuch, der zwar blutig niedergeschlagen wurde, aber schon 1925 kam es zur Neugründung der Partei, deren Reichsleitung ab 1930 im »Braunen Haus« in der Nähe des Königsplatzes saß. Nach der Machtergreifung 1933 stilisierte Hitler München mit dem Titel »Hauptstadt der Bewegung« zum Kultort der Anfänge des Nationalsozialismus und baute die Umgebung des Königsplatzes zum Parteiviertel aus. Münchens Rolle als »Hauptstadt der Deutschen Kunst«, so der andere, der Stadt verliehene Titel, wurde mit Kunstausstellungen vorgeführt, vor allem mit der »Großen Deutschen Kunstausstellung« von 1937. Die berüchtigte Ausstellung »Entartete Kunst« sollte die moderne Kunst als »kulturbolschewistische Machwerke« diffamieren. Das Projekt einer gigantischen Prachtstraße vom Hauptbahnhof nach Pasing von 1938 blieb zum Glück auf dem Papier. Schon vor der Reichspogromnacht wurde im Juni 1938 die Hauptsynagoge in der Nähe des Stachus als erste Synagoge Deutschlands abgerissen.

Im Zweiten Weltkrieg zerstörten Bomben 60 % der Bausubstanz in der Altstadt. Im Unterschied zu anderen deutschen Städten entschied man sich, den historisch gewachsenen Stadtgrundriss zu bewahren und die kunsthistorisch wichtigen Gebäude, vor allem Kirchen, Palais und die Residenz, wiederherzustellen oder zu rekonstruieren. Diese denkmalpflegerische Leistung war vor allem ein Verdienst des Stadtbaurats Karl Meitinger und des Architekten Erwin Schleich. Mit der Sport-, Freizeit- und Wohnanlage für die Olympischen Spiele 1972 von Günter Behnisch und Partner machte München erstmals als Stadt moderner Architektur von sich reden. Seitdem sind viele Bauten hinzugekommen, teilweise nach Entwürfen international renommierter Architekten wie Norman Foster, Richard Meier, Herzog & de Meuron, Sauerbruch Hutton, Coop Himmelb(l)au – auch wenn der Bürgerentscheid von 2004 gegen den weiteren Bau von Hochhäusern, die höher als die Türme der Frauenkirche (100 Meter) sind, wie schon beim Wiederaufbau nach 1945 der Stadt wieder einmal den Ruf eintrug, ›konservativ‹ zu sein. Unbestritten ist hingegen heute die Bedeutung Münchens auf anderen Gebieten: als Wirtschaftsstandort mit den Hauptsitzen großer Konzerne, als wichtiger Wissenschaftsstandort Deutschlands mit mehreren Universitäten und Forschungseinrichtungen, als neben New York weltweit größte Verlagsstadt mit über 300 Verlagen, als Medienstadt mit zahlreichen Film- und Fernsehproduktionsstätten sowie als Musikstadt von Weltrang mit drei Spitzenorchestern und einem hochkarätigen Opernhaus.

Stadtgeschichte in Daten

1158	Gründungssurkunde Münchens: Kaiser Friedrich Barbarossa bestätigt Heinrich dem Löwen, Herzog von Bayern, die Verlegung der Zollbrücke über die Isar nach München
1175	Erste Stadtbefestigung
1180	Kaiser Friedrich Barbarossa löst Heinrich den Löwen durch Pfalzgraf Otto von Wittelsbach als Herzog von Bayern ab
1255	Erste Teilung der Wittelsbacher Herrschaft in Oberbayern/Pfalz mit München als Haupt- und Residenzstadt und Niederbayern
1285–1315	Bau des zweiten Mauerrings
1294	erste Stadtverfassung: Regierung von 12 Ratsherren
1294–1347	Herzog Ludwig IV.: 1314: Wahl zum deutschen König 1322: Verleihung des Salzhandelsmonopols an die Bürgerschaft 1328: Kaiserkrönung König Ludwigs München steigt zur Hauptstadt des Heiligen Römischen Reiches auf
Ende 14. Jh.	Machtkämpfe innerhalb der Bürgerschaft Erbstreitigkeiten bei den Wittelsbachern, die zu weiteren Teilungen Bayerns führen
1385	Bau der Neuveste, Ursprung der Residenz
1403	neue Stadtverfassung mit Regierungsbeteiligung der Zünfte
2. Hälfte 15. Jh.	Blütezeit der spätgotischen Kunst in München
1468–94	Bau der Frauenkirche
1480	Erasmus Grasser: Figuren der *Moriskentänzer* für den Rathaussaal

1506	Primogeniturgesetz Herzog Albrechts IV. unterbindet weitere Teilung Bayerns, München Hauptstadt des wiedervereinten Herzogtums Ober- und Niederbayern
1516	Reinheitsgebot für das Bier
16. Jh.	Zeitalter der Glaubensspaltung: die bayerischen Herzöge gehören zu den wichtigsten Kämpfern für den katholischen Glauben Aufstieg Münchens zur fürstlichen Residenzstadt
2. Hälfte 16. Jh.	Einfluss der italienischen Renaissance auf die Kunst am Münchner Hof, Ausbau der Residenz, Komponist Orlando di Lasso Leiter der Hofkapelle
1550–79	Herzog Albrecht V.: 1563–67 : erstes Renaissancegebäude Münchens (Ehem. Münze) 1568–71 : Bau des Antiquariums, des ersten Museums für antike Skulpturen
1579–98	Herzog Wilhelm V.: 1583–97: Bau der Michaelskirche 1589: Gründung des Hofbräuhauses
1597–1651	Herzog Maximilian I.: 1612–16: Bau der Maximilianischen Residenz 1609: Gründung der »Katholischen Liga« 1618–48: Dreißigjähriger Krieg 1623: Verleihung der Kurwürde
1651–79	Kurfürst Ferdinand Maria: Vermittlung des italienischen Barock nach München durch seine Gemahlin Henriette Adelaide von Savoyen 1663–92: Bau der Theatinerkirche

1679–1726	Kurfürst Max Emanuel: 1688: Eroberung von Belgrad 1701: Baubeginn von Schloss Schleißheim 1704–14: Exil in Frankreich, Bayern von österreichischen Truppen besetzt
1. Hälfte 18. Jh.	Blütezeit des bayerischen Barock und Rokoko
1726–42	Kurfürst Karl Albrecht: 1742: Wahl zum Kaiser 1734–39: Bau der Amalienburg
1777–99	Kurfürst Karl Theodor aus der pfälzischen Linie: ab 1789: Anlage des Englischen Gartens ab 1791: Abriss der Stadtbefestigung
1799–1825	Kurfürst Max IV. Joseph, ab 1806 König Max I. Joseph: 1799–1817: Staatsreformen durch Maximilian Graf von Montgelas 1802/03: Säkularisation in Bayern: Aufhebung der Klöster und geistlichen Fürstentümer, Grundbesitz, Bibliotheken und Kunstgüter fallen an den Staat 1806: Ende des Heiligen Römischen Reiches Deutscher Nation Erhebung Bayerns zum Königreich 1810: Vorläufer des heutigen Oktoberfests anlässlich der Hochzeit von Kronprinz Ludwig mit Prinzessin Therese von Sachsen-Hildburghausen 1812: Beginn der großen Stadterweiterungen des 19. Jh.s 1818: Erlass der bis 1918 gültigen Verfassung des bayerischen Staats

1825–48	König Ludwig I.: Ausbau Münchens zum »Isar-Athen« 1826: Verlegung der Universität von Landshut nach München 1830: Eröffnung der Glyptothek 1836: Eröffnung der Alten Pinakothek 1848: Bürgeraufstand wegen Ludwigs I. Protektion der Tänzerin Lola Montez, Abdankung der Königs zugunsten seines Sohnes
1848–64	König Max II.: Förderung der Wissenschaften Münchens Aufstieg zur führenden Stadt der feinmechanischen Industrie ab 1854: Anlage der Maximilianstraße um 1850: Münchens Einwohnerzahl erreicht die 100 000er-Grenze
1864–86	König Ludwig II.: 1870/71: Bayern wird Bundesstaat des Deutschen Reiches und verliert seine Souveränität 1883: Zentrale Wasserversorgung Münchens aus dem Mangfalltal, seither bestes Trinkwasser aller deutschen Großstädte
1886–1912	Prinzregent Luitpold: Entstehung des Jugendstils in Deutschland Schwabing wird berühmt als Boheme-Viertel 1900: Münchens Einwohnerzahl erreicht die 500 000er-Grenze 1903/04: Gründung des Deutschen Museums
1911	Gründung der Künstlervereinigung »Der Blaue Reiter«, Entstehung der abstrakten Kunst
1914–18	Erster Weltkrieg
1918	Ende der Monarchie in Bayern, Landtag beschließt eine republikanische Verfassung

1923	gescheiterter Putschversuch der Nationalsozialisten unter Adolf Hitler
1935	München erhält als Parteizentrum der NSDAP den Titel »Hauptstadt der Bewegung«
1937	von den Nationalsozialisten veranstaltete Ausstellung »Entartete Kunst«
1938	»Reichskristallnacht«, systematische Verfolgung der Juden
1939–45	Zweiter Weltkrieg, Zerstörung Münchens durch Bombenangriffe
1943	Widerstandsbewegung »Weiße Rose«
1946	Annahme der Bayerischen Verfassung durch Volksabstimmung Beginn des Wiederaufbaus
1957	Münchens Einwohnerzahl erreicht die Million-Grenze
1972	XX. Olympische Sommerspiele in München Eröffnung der Fußgängerzone
1996–2002	Pinakothek der Moderne
2004	Bürgerentscheid gegen Hochhausbauten
2005	Einweihung der Allianz-Arena
2008	München feiert das 850-jährige Stadtjubiläum.
30. April 2015	am 30. Jahrestag der Befreiung Münchens wird das NS-Dokumentationszentrum eröffnet

Kulturkalender

Januar/Februar

Faschingswoche/-zeit – **Faschingstreiben** auf dem Marienplatz und anderen Plätzen am Faschingssonntag und -dienstag. Tanz der Marktfrauen am Faschingsdienstag auf dem Viktualienmarkt. Alle sieben Jahre (nächster Termin 2019): **Schäfflertanz** der Fassmacher in historischen Kostümen

März/April

4. und 3. Woche vor Ostern – **Starkbierzeit** (Bierkeller der Brauereien)
Mitte März – **Frameworks Festival:** Festival für innovative, unkonventionelle Musik

April/Mai

Ende April / Mitte Mai – **Messe Kunst und Antiquitäten München** (Paulaner am Nockherberg)
2. Hälfte April bis Anfang Mai – **Frühlingsfest** / kleines Oktoberfest (Theresienwiese)
Ab Samstag vor dem 1. Mai (9 Tage) – **Auer »Mai«-Dult / Frühjahrsdult:** traditioneller Jahr- und Trödelmarkt (Mariahilfplatz)
Ende April / Anfang Mai – **Stroke Art Fair:** Messe für junge internationale Kunst (Praterinsel)

Mai/Juni

Mai – **DOK.fest:** Deutschlands größtes Festival für Dokumentarfilme (Stadtmuseum)

Ende Mai bis Ende Juli – **Nymphenburger Sommer:** Konzerte klassischer Kammermusik (Schloss Nymphenburg, Hubertussaal)

Fronleichnam – **Pontifikalamt und Fronleichnamsprozession** (Marienplatz, von dort durch die Innenstadt über die Ludwigstraße)

Ende Mai bis Anfang Juni – **Münchner Biennale:** internationales Festival für zeitgenössisches Musiktheater (Gasteig, Muffathalle und -werk sowie andere Veranstaltungsorte)

14. Juni (oder Wochenende davor oder danach) – **Stadtgründungsfest:** Konzerte, Tanzdarbietungen, Kunsthandwerkermesse, Kinderprogramm (Marienplatz und Umgebung)

Juni/Juli/August

Ende Juni bis Juli – **Tollwood-Sommerfestival:** Musik, Theater, Performances, Kunst, Kunsthandwerk, Bio-Gastronomie (Olympiapark)

Ende Juni bis Anfang August – **Summer Proms:** Open Air-Konzerte klassischer Musik (Residenz, Brunnenhof)

Juni – **aDevantgarde:** Internationales Festival für Neue Musik, alle zwei Jahre in den ungeraden Jahren (verschiedene Veranstaltungsorte)

Ende Juni – **Filmfest München:** neue internationale Filme (in verschiedenen Kinos)

Ende Juni bis Ende Juli – **Münchner Opernfestspiele** (Nationaltheater, Cuvilliés-Theater; Prinzregententheater)

Juli/August – **Sommerkonzerte Schloss Schleißheim:** klassische Musik (Weißer Saal)
Ende Juli bis Ende August – **Theatron Musiksommer:** Musikfestival von Klassik bis Rock, Pop, HipHop (Amphitheater am Olympiasee/Olympiapark)
Samstag nach dem 25. Juli – **Auer »Jakobi«-Dult / Sommerdult:** traditioneller Jahr- und Trödelmarkt (Mariahilfplatz)

September/Oktober/November

Samstag nach dem 15. September bis 1. Sonntag im Oktober – **Oktoberfest:** größtes Volksfest der Welt mit Festzelten und Fahrgeschäften; »Oide Wiesn«: historisches Oktoberfest (Theresienwiese); zur Eröffnung Fassanstich sowie Einzug der Wirte und Brauereien (Samstag), Trachten- und Schützenumzug (Sonntag) durch die Stadt zur Theresienwiese
Oktober – **Münchner Orgelherbst:** Internationales Orgelfestival (St. Michael)
Ab 3. Samstag im Oktober (9 Tage) – **Auer »Kirchweih«-Dult / Herbstdult:** traditioneller Jahr- und Trödelmarkt (Mariahilfplatz)
Mitte Oktober – **digitalanalog:** Festival elektronischer Musik (Gasteig)
Ende Oktober / Anfang November – **Munich Highlights:** Internationale Kunstmesse (Residenz), **Kunst-Messe München** (Postpalast) und **Kunst und Antiquitäten München** (Paulaner am Nockherberg)

November/Dezember

1. Adventssonntag bis 31. Dezember – **Tollwood-Winterfestival:** Kulturveranstaltungen, Weihnachtsmarkt (Theresienwiese)

2. Hälfte November (18 Tage) – **Münchner Bücherschau / Literaturfest München:** Neuheiten bayerischer Verlage (Gasteig-Zentrum)

Ende November bis 24. Dezember – **Christkindlmärkte** (Hauptmarkt auf dem Marienplatz, weitere auf vielen Plätzen der Stadt, u. a. im Englischen Garten beim Chinesischen Turm)

Rundgänge

Rundgang A (*s. Karte auf hinterer Buchklappe*):
Marienplatz mit Mariensäule (S. 31 f.), Neues Rathaus (S. 33), Altes Rathaus (S. 31), St. Peter (S. 35), Viktualienmarkt (S. 37), Synagoge (S. 82), **Asamkirche** (S. 77), Palais Lerchenfeld (S. 76), **Frauenkirche** (S. 38), **St. Michael** (S. 44), Bürgersaal (S. 74), Kaufhaus Oberpollinger (S. 74), Stachus (S. 74)

Rundgang B (*s. Karte auf hinterer Buchklappe*):
Residenz (S. 48), Max-Joseph-Platz (S. 87), Ehemalige Münze (S. 85), Alter Hof (S. 34), Fünf Höfe (S. 67), Adelspaläste (S. 68 f.), Salvatorkirche (S. 70), Literaturhaus (S. 70), Wittelsbacher Platz (S. 99), **Odeonsplatz** (S. 63), **Palais Preysing** (S. 66), **Theatinerkirche** (S. 63), **Hofgarten** (S. 60), **Ludwigstraße** (S. 101), **Englischer Garten** (S. 97 f.)

Rundgang C (*s. Karte auf hinterer Buchklappe*):
Königsplatz/Glyptothek (S. 117 f.), **Lenbachhaus** (S. 121), **Alte Pinakothek** (S. 107) oder **Pinakothek der Moderne** (S. 110)

Weitere Besichtigungs- und Ausflugtipps: Schwabing (S. 125 ff.), Maximilianeum (S. 149), **Maximilianstraße** (S. 89), Lehel, Klosterkirche St. Anna (S. 92), **Deutsches Museum** (S. 151), **St. Michael in Berg am Laim** (S. 153), **Schloss Nymphenburg und Parkburgen** (S. 162), **Schloss Blutenburg** (S. 171), **Olympiapark** (S. 131), **BMW Welt und BMW Museum** (S. 134 f.), **Allianz-Arena** (S. 136), **Schlossanlage Schleißheim** (S. 137)

Innere Altstadt

Der **Marienplatz** (I D/E6) ist seit der Gründung Münchens im ◆ Jahr 1158 der zentrale Hauptplatz der Stadt. Bis 1853 diente das Areal als Marktplatz für den Getreideverkauf – daher der ursprüngliche Name »Schrannenplatz«. Hier kreuzten sich die wichtigsten Handelsstraßen, die ehemalige Salzstraße, heute die Hauptgeschäftsstraßen Tal, Kaufinger- und Neuhauserstraße, mit der Nord-Süd-Route, heute Theatiner- und Sendlingerstraße. Nach einer Bestimmung von Kaiser Ludwig dem Bayern von 1315 durfte der Platz nicht durch Bauten versperrt werden – ein Gesetz, das bis heute gilt, von temporären Anlagen, etwa für den Christkindlmarkt, abgesehen. 1854, nach der Verlegung des Getreidehandels auf den Viktualienmarkt, gaben die Stadtväter mit Bezug auf die Mariensäule dem Platz den Namen Marienplatz. Erst seit den Stadterweiterungen des 19. Jh.s verläuft der Fernverkehr nicht mehr durch die Stadtmitte – es sein denn unterirdisch mit U- und S-Bahn. Nach den Zerstörungen des Zweiten Weltkriegs haben sich von der historischen Randbebauung nur das Alte und das Neue Rathaus sowie die Mariensäule in der Platzmitte erhalten. Der Wiederaufbau orientierte sich nur zum Teil an den gewachsenen mittelalterlichen Strukturen. Vor allem der wuchtige Neubau des Kaufhofs von Josef Wiedemann (1969–72) anstelle eines im Krieg unzerstört gebliebenen Jugendstil-Kaufhauses steht in einem scharfen Kontrast zum Ensemble des Platzes.

Altes Rathaus (I E6): Seit dem frühen 14. Jh. besaß München am östlichen Ende des Marienplatzes ein Gebäude für die Stadtregierung, die Vertretung der Bürgerschaft. Dieses Rathaus, das Ende des 14. Jh.s um mehrere Bauten erweitert worden war, brannte 1460 infolge eines Blitzeinschlags ab. Jörg von Halspach, der Erbauer der Frauenkirche, errichtete 1470–75 einen gotischen Neubau. Die heutige Gestalt des Rathauses in Form eines Saalbaus mit großem Giebel und angrenzendem Turm geht auf Veränderungen des 19. Jh.s und den Wiederaufbau nach den Zerstörungen des Zweiten Weltkriegs zurück, die gleichwohl an das mittelalterliche Gebäude erinnern, das man seit der Errichtung des Neuen Rathauses im 19. Jh. Altes Rathaus nennt. Trotz Rekonstruktion gehört der **Rathaussaal** mit dem holzgeschnitzten Tonnengewölbe und den Wappen zu den schönsten gotischen Sälen Europas. Für diesen Raum hat der Bildhauer Erasmus Grasser 1480 die berühmten *Moriskentänzer*-Figuren (Originale im Stadtmuseum; s. S. 82) geschaffen. Im Rathausturm ist das **Spielzeugmuseum** mit Objekten vom ausgehenden Mittelalter bis zum Ende des 18. Jh.s untergebracht.

Mariensäule (I E6): Als München im Dreißigjährigen Krieg (1618–48) von den feindlichen Truppen des Schwedenkönigs Gustav Adolf bedroht wurde, gelobte Kurfürst Maximilian I. »ein gottgefälliges Werk« zu schaffen, wenn die Stadt von Zerstörungen verschont bliebe. Zur Erfüllung des Gelübdes errichtete der Kurfürst 1637 ein Monument nach dem Vorbild der Mariensäule auf dem Platz vor Santa Maria Maggiore in Rom. Das Münchner Denkmal wurde symbolträchtig 1638 am Jahrestag des Sieges der katholischen Truppen am Weißen Berg bei Prag (8. November 1620) geweiht. Die durch eine Balustrade vom Platz abgegrenzte Monolithsäule aus Tegernseer Marmor erreicht dank des zweistufigen Unterbaus fast die Höhe der umliegenden Häuser. Auf dem korinthischen Kapitell steht die vergoldete Figur der Maria auf der Mondsichel, die *Patrona Bavariae*, Schutzherrin Bayerns, mit den Herrschaftssymbolen Krone und Zepter, in ihrem Arm das segnende Christkind mit Reichsapfel. Dieses Werk von Hubert Gerhard war ursprünglich für das geplante Stiftergrab von Herzog Wilhelm V. und Renata von Lothringen in der Michaelskirche bestimmt. Vier bewaffnete Heldenputti (heute Kopien, Originale im Münchner Stadtmuseum) an den Ecken des Unterbaus (1638/40) kämpfen gegen Tierungeheuer, die die Plagen der Menschheit (Hunger, Krieg, Pest und Ketzerei) verkörpern, und stehen Maria bei, der Kämpferin gegen alle Übel. Die Münchner Mariensäule fand eine breite Nachfolge in Städten katholischer Länder nördlich der Alpen (z. B. Prag, Wien).

Neues Rathaus (I E6): Um der drängenden Raumnot im Alten Rathaus zu begegnen, ließen die Stadtväter 1867 einen neuen Regierungssitz errichten. In Erinnerung an die einstige bürgerliche Blüte Münchens im 15. Jh. entschied man sich für den Entwurf des erst 26-jährigen Architekten Georg von Hauberrisser im neogotischen Stil. Der neue Sitz der Stadtregierung sollte an die Tradition gotischer Rathäuser Deutschlands und Flanderns anknüpfen und sich von der höfischen Kunst des Barock und des Klassizismus in München absetzen. Das 1876 fertiggestellte Rathaus (rechter Bauteil Ecke Dienerstraße/Marienplatz) erwies sich aufgrund des rapiden Bevölkerungszuwachses in der Stadt rasch als zu klein. Hauberrisser erweiterte die Anlage daher in zwei Phasen, 1888–93 um einen Trakt an der Rückseite und vor allem 1899–1908 um den Neubau nach Westen (linker Bauteil der Fassade) mit Prunkhof und 80 Meter hohem Turm. Der über 100 Meter lange Bau dominiert seitdem den Marienplatz. Suggeriert die Architektur kommunale Selbständigkeit, so zeigt das reiche Figurenprogramm an der Hauptfassade zum Marienplatz, wer die eigentlichen Herren in der Stadt waren. Hier sind die Standbilder der bayerischen Herzöge und Kurfürsten bis zu den Königen Max I. Joseph, Ludwig I., Max II. und Ludwig II. sowie das Reiterstandbild des Prinzregenten Luitpold aufgestellt. Dieser Fürstenzyklus ist der umfangreichste an einem deutschen Rathaus. Darüber hinaus finden sich hier u. a. Heilige, Sagengestalten und allegorische Figuren, die Eigenschaften der Bürger wie Fleiß und Wohltätigkeit verkörpern, sowie die Wappen der im 19. Jh. eingemeindeten Vororte und der bayerischen Städte. In der Fassadenmitte erhebt sich der Rathausturm mit dem größten Glockenspiel Deutschlands (1908/09). Der Figurenreigen, der sich täglich um 11 Uhr in Bewegung setzt, zeigt zwei wichtige historische Ereignisse der Münchner Geschichte: unten der Schäfflertanz (Schäffler = Fassmacher), der vielleicht während der Pest im Jahr 1517 erstmals stattfand; oben das Turnier anlässlich der Hochzeit Herzog Wilhelms V. mit Renata von Lothringen 1568. Auf der Turmspitze steht die Figur des *Münchner Kindls*, ein Mönch mit Kapuze, der seit 1239 in verschiedenen Varianten das Motiv des Münchner Stadtwappens bildet.

Nach den schweren Schäden des Zweiten Weltkriegs wurde das Rathaus wiederhergestellt, die rückwärtige Fassade zum Marienhof und zur Landschaftsstraße in vereinfachten Formen. Original erhalten sind noch die Ratstrinkstube, das Treppenhaus im zweiten Stockwerk mit Säulen aus rotem Marmor und neogotischen Rippengewölben sowie der Kleine und der Große Sitzungssaal mit dem großen Gemälde *Monachia* des seinerzeit gefeierten Historienmalers Karl Theodor von Piloty mit 128 Persönlichkeiten der Stadtgeschichte.

Weinstadl (ehemalige **Stadtschreiberei**; I E6): Münchens ältestes erhaltenes Bürgerhaus, heute als Gaststätte »Weinstadl« bekannt, entstand 1551/52 durch Umbau eines älteren gotischen Anwesens zum Sitz des obersten städtischen Beamten. Aus der Gotik haben sich noch der Arkadenhof mit Treppenturm und Gewölbe im Inneren erhalten. Die Fassade mit aufgemalter architektonischer Gliederung und 1961 wieder entdecktem figürlichem Dekor von Hans Mielich, einem bedeutenden Münchner Renaissancemaler, ist das einzige noch existierende Beispiel dieser Art in München.

Alter Hof (I E5/6): Seit dem 13. Jh. war diese Vierflügelanlage um einen Hof die erste Residenz der Wittelsbacher in München. Kaiser Ludwig der Bayer machte die Burg zum ersten festen Wohnsitz eines Kaisers des Heiligen Römischen Reichs und bewahrte in der Hofkirche St. Lorenz 1324–50 die Reichskleinodien, die Herrschaftsinsignien der Kaiser (heute Wien, Hofburg) auf. Nach dem Bau der Neuveste im 14. Jh. als neuem Herrschersitz am Rand der erweiterten Stadt stattete Herzog Sigismund den Alten Hof zwar nochmals prachtvoll aus, aber in den nachfolgenden Jahrhunderten verlor die Anlage allmählich an Bedeutung und wurde nur noch für die Verwaltung genutzt. Trotz starker Umbauten und teilweisem Abriss (u. a. St. Lorenz) im 19. Jh. sowie Kriegszerstörungen 1944/45 vermittelt das Gebäude noch den Eindruck eines mittelalterlichen Architektur-Ensembles. In nahezu originalem Zustand haben sich der Westflügel, der Zwingerstock und der Südflügel, der Burgstock mit Erker, dem sogenannten »Affentürmchen«, und dem (allerdings 1966–68 rekonstruierten) Torturm bewahrt. In beiden Flügeln bestehen noch Säle mit gotischen Gewölben. Im Rahmen einer umfangreichen Sanierung wurden 2003–06 Nord- und Ostflügel neugebaut (Pläne: Peter Kulka Architektur, Köln bzw. Auer Weber Architekten, München): Das historische Umfeld wurde dabei berücksichtigt.

St. Peter (»Alter Peter«; I E6): In der Nachbarschaft des Marienplatzes liegt die älteste Pfarrkirche Münchens, errichtet auf dem Hügel der Stadtgründung von 1158. Der erste Bau des 12. Jh.s musste in der Folgezeit gleich zweimal erneuert werden. Nach Beschädigung der dritten Kirche durch Blitzeinschlag im Jahr 1607 machte man für die Umgestaltung der dreischiffigen gotischen Basilika das Patronat des hl. Petrus zum vorrangigen künstlerischen Thema: Man errichtete 1630–36 eine Choranlage, die sich formal an die Urkirche der katholischen Christenheit, St. Peter in Rom, anlehnt. Aber erst bei genauerem Hinsehen erkennt man, dass die kleeblattförmige Choranlage (mit drei Apsiden), die an das gotische Langhaus angefügt wurde, eine Anspielung auf die römische Peterskirche sein soll. Im 18. Jh. gestalteten Johann Baptist Gunetzrhainer und Johann Baptist Zimmermann die Kirche im Rokokostil um, aber die gotische Raumstruktur mit dem schmalen hohen Langhaus blieb erhalten. Auch für den imposanten Hochaltar von 1725 blieb St. Peter in Rom maßgebend: Der Entwurf von Nikolaus Gottfried Stuber orientiert sich an der *Cathedra Petri*, die der römische Bildhauer Gian Lorenzo Bernini 1656 als Reliquiar für den Stuhl des Heiligen geschaffen hatte, ohne das Vorbild genau nachzuahmen. Denn man wollte »nit eine copia …, sondern ein original«. Daher werden, anders als in Rom, die vier Kirchenväterfiguren von Egid Quirin Asam von einer mächtigen Säulenarchitektur hinterfangen, und auf dem Stuhl sitzt die Figur des *Hl. Petrus* von Erasmus Grasser (1517), die vom gotischen Vorgängeraltar übernommen und mit einer Tiara bekrönt wurde. Der enge Bezug zur Hauptkirche der katholischen Christenheit, der – so die Festpredigt zur Weihe des Hochaltars 1734 – das Bekenntnis Bayerns zum rechten Glauben demonstrieren soll, hat sich bis auf den heutigen Tag in dem Brauch erhalten, beim Tod eines Papstes der Petrusfigur die Tiara abzunehmen und diese erst nach der Wahl eines Nachfolgers wieder aufzusetzen. Nach den schweren Zerstörungen im Zweiten Weltkrieg konnte die Sprengung der Kirche zum Glück verhindert und daraufhin 1946 der Wiederaufbau begonnen werden. Die Rekonstruktion der barocken Deckenfresken wurde erst im Jahr 2000 abgeschlossen.

Heiliggeistkirche (I E6): Die auf das frühe 13. Jh. zurückgehende Kirche, ehemals mit Pilgerhaus und Spital, zählt neben St. Peter und der Frauenkirche zu den ältesten Sakralbauten Münchens. Die heutige Kirche entstand vermutlich nach der Zerstörung der alten Kirche beim Stadtbrand von 1327. Diese dreischiffige gotische Halle mit Umgangschor wurde 1724–30 unter der Leitung des Baumeisters Johann Georg Ettenhofer barock umgestaltet, ohne jedoch die mittelalterliche Raumstruktur ganz aufzugeben. Die Stuckierung und die Deckenfresken stammen von Egid Quirin und Cosmas Damian Asam, beide führende Barockkünstler Bayerns. Ende des 19. Jh.s wurde die Kirche im Westen um drei Joche verlängert und 1908 mit einer neuen Fassade im neobarocken Stil versehen. Nach der schweren Zerstörung 1944 erfolgte der Wiederaufbau einschließlich der Rekonstruktion der Deckenfresken. Das Innere ist ein typisches Beispiel für die Barockisierung der mittelalterlichen Kirchen Bayerns: Alle Architekturglieder wurden mit Stuck in Formen des damaligen Zeitgeschmacks überzogen – so etwa die Pfeiler mit den Kapitellen oder die Gewölbe mit den großen Freskofeldern –, aber der Grundtypus der gotischen Hallenkirche mit Umgangschor und die steilen Raumproportionen sind erhalten geblieben. Die Themen sowohl der Fresken als auch vieler Altäre beziehen sich auf das Patrozinium des Hl. Geistes, so auch das original erhaltene Hochaltarbild des deutschen Barockmalers Ulrich Loth.

Viktualienmarkt (I E6): Münchens berühmtester Markt (lat. *victus*, ›Lebensmittel/Vorräte‹) geht auf den Erlass des ersten bayerischen Königs Max I. Joseph von 1807 zurück, die Marktstände vom heutigen Marienplatz und vom Petersplatz auf das Gelände des 1807 aufgehobenen und später abgerissenen Heiliggeistspitals zu verlegen. Am Rand des Viktualienmarktes ließ König Max II. 1853 durch Franz Karl Muffat die **Schrannenhalle** (bayerisch für Getreidemarkt) anlegen, der erste Bau aus industriell vorgefertigten Glas-, Gusseisen- und Schmiedeeisenteilen. Nach dem Bau der Großmarkthalle am Südfriedhof 1910 verlor die Schrannenhalle ihre Funktion und wurde abgetragen. Als 1978 Reste der gusseisernen Säulen zufällig wiederentdeckt wurden, plante man eine Rekonstruktion dieses Musterbeispiels für frühes industrielles Bauen, ähnlich dem Münchner Glaspalast und der Großhesseloher Eisenbahnbrücke. Doch erst 2003–05 erfolgte der Wiederaufbau. Seitdem gibt es wechselnde Nutzungkonzepte.

Am **Rindermarkt** (I D6–E6), ehemals der Viehmarkt der Stadt, steht als einziges mittelalterliches Zeugnis, eingefügt in moderne gläserne Geschäftsbauten, der 23 Meter hohe, viereckige **Löwenturm** (14. oder 15. Jh.) aus Ziegeln. Da es sich weder um einen Wohnturm noch um einen Turm der ersten Stadtmauer handeln kann, ist die Frage nach seiner ursprünglichen Funktion nicht geklärt.

Süddeutscher Verlag (Sendlinger Straße 8): Das weiträumige Gebäude errichtete der Münchner Architekt Max Littmann 1905/06 als Sitz der *Münchner Neuesten Nachrichten*, die hier alle Abteilungen von der Redaktion, der Druckerei bis zur Auslieferung untergebracht hatten. Nach Kriegszerstörung ist die Hauptfassade ohne Jugendstilschmuck wiederaufgebaut worden. Bis 2008 wurde hier die *Süddeutsche Zeitung* produziert. Nach dem Umzug der Redaktion an den Stadtrand wurde der Komplex zum Geschäfts-, Büro- und Wohnhaus umgebaut.

◆ Der **Dom zu Unserer Lieben Frau** (**Frauenkirche**; I D5) war nach St. Peter die zweite Pfarrkirche der Stadt, diente zugleich aber auch als Hofkirche und Grablege der bayerischen Herzöge. Erst 1821 wird sie der Dom des Erzbischofs von München und Freising. Der die Kirche umgebende Platz, die Domfreiheit, geht erst auf das 19. Jh. zurück. An dieser Stelle befand sich zuvor der Friedhof der Pfarrei. Die heutige Kirche wurde anstelle des romanischen Vorgängerbaus des 13. Jh.s von Herzog Sigismund im Einvernehmen mit der Münchner Bürgerschaft 1468 begonnen. Der verantwortliche Baumeister war Jörg von Halspach, genannt Ganghofer, für statische Fragen standen ihm Fachkräfte aus ganz Süddeutschland zur Seite. 1477/78 setzte der Zimmerer Heinrich von Straubing den riesi-

Frauenkirche, Langhaus

gen Dachstuhl auf. Nachdem ein finanzieller Engpass 1480–82 mit den Geldern, die aus einem vom Papst gewährten Ablass stammten, behoben werden konnte, wurde die Kirche bis 1488 eingewölbt. Beim Tod Jörg von Halspachs war der riesige Bau in der Rekordzeit von nur 20 Jahren bis auf die Bekrönung der Doppeltürme fertiggestellt. Die charakteristischen ›welschen‹ Turmhauben, die Zwiebeltürme, folgten erst 1525 und sind seitdem neben dem Münchner Kindl, dem Stadtwappen, das Wahrzeichen Münchens.

Die über 100 Meter lange und mehr als 30 Meter hohe Frauenkirche zählt zu den größten Hallenkirchen der Spätgotik in Süddeutschland. Die Bauform der Halle mit fast gleich hohen Schiffen im Inneren trifft man in dieser Zeit häufig bei Stadtpfarrkirchen des selbstbewussten, wohlhabenden Bürgertums an, so zum Beispiel bei St. Martin in Landshut. In München wurde der Hallentypus für ein Bauwerk übernommen, das keine reine Bürgerkirche war, sondern als Hof- und Grabeskirche der Wittelsbacher auch höfische Funktionen hatte. Von außen wirkt die Frauenkirche wie ein mächtiger, kompakter Baukörper, da er aus glatten, schmucklosen Ziegelwänden besteht, die sich in hohen Lanzettfenstern öffnen und ein mächtiges Satteldach tragen. Auch die hohen Doppeltürme haben eine geschlossene Form. Der Bau, der bis heute das Stadtbild beherrscht, imponiert durch seine bloße Größe. Mit den von der französischen Kathedralgotik beeinflussten Bischofskirchen, deren Architektur in viele Strebepfeiler und -bögen und filigrane Zierformen aufgelöst ist, hat die Frauenkirche wenig gemein. Auch die Portale zeichnen sich durch wenige dekorative und figürliche Schmuckformen aus. Am Hauptportal zwischen den beiden Türmen befinden sich noch Skulpturen vom Vorgängerbau (14. Jh.). Lediglich das gotische Brautportal auf der Südseite besitzt ein profiliertes Gewände und Skulpturenschmuck (u.a. *Schmerzensmann* und *Maria mit Kind*; um 1480). Die große Sonnenuhr darüber geht auf eine Wiederherstellung von 1996 zurück. Das südlich des Brautportals gelegene Arsatius-Portal erinnert an den Schüler und Nachfolger des hl. Ambrosius, dessen Gebeine 1495 in die Münchner Frauenkirche kamen und bald zum Ziel einer beliebten Wallfahrt wurden. Die holzgeschnitzten Türflügel aller Portale schuf 1772 Ignaz Günther, der Meister süddeutscher Rokokoskulptur. Die zahlreichen, in die Südseite eingemauerten Grabsteine stammen vom aufgelösten Friedhof.

Im **Inneren** folgen die achteckigen Pfeiler des Hauptschiffs so dicht aufeinander, dass man zunächst nur das Mittelschiff als separaten, steilen Raum wahrnimmt. Der für Hallenkirchen charakteristische Eindruck räumlicher Weite entsteht nicht. Erst beim Durchschreiten öffnet sich der Blick in die fast ebenso hohen Seitenschiffe und die Kapellen mit den hohen

Fenstern. Die offensichtlich beabsichtigte räumliche Trennung der Schiffe setzt sich in der Gewölbezone fort. Anstelle der für Hallenkirchen der Zeit üblichen einheitlichen Netzgewölbe entschied sich der Baumeister Ganghofer für ein Sterngewölbe mit Scheidbögen, die das Mittelsschiff von den Seitenschiffen absetzen. Die Innenausstattung, die sowohl die bayerischen Herrscher als auch Münchner Bürger und später Bischöfe und Mitglieder des Domkapitels stifteten, wurde von der Gotik bis ins 20. Jh. mehrfach einschneidend verändert. Herzog Maximilian I. ließ Anfang des 17. Jh.s den Chor im Stil der Spätrenaissance umgestalten, um in Zeiten religiöser Auseinandersetzungen ein Zeichen katholischer Glaubenspropaganda zu setzen. Am Eingang des Chores wurde für die neuen Reliquien des hl. Benno, des heiliggesprochenen Bischofs von Meißen, die 1580 aus dem »abtrünnigen Sachsenland« gerettet worden waren, der sogenannte »Bennobogen« errichtet. Den Hochaltar mit dem Gemälde *Himmelfahrt Mariens*, einem der Hauptwerke der Gegenreformation, schuf der in Italien geschulte Maler Peter Candid, der sich an Tizians berühmter Darstellung des Themas in S. Maria Gloriosa dei Frari in Venedig orientierte. Im Zuge der neugotischen Ausgestaltung 1858–68 wurde die Chorausstattung der Spätrenaissance entfernt, so dass das erhaltene Hochaltarbild über dem Sakristeizugang im linken Seitenschiff heute etwas verloren wirkt. Nach den schweren Zerstörungen 1943–45 wurden ab 1946 alle Wölbungen und ein Teil der Chormauern sowie die Pfeiler des Mittelschiffs wieder aufgebaut. Im Rahmen der 1957 abgeschlossenen, neuen Innenausgestaltung wurden zahlreiche Altäre abgebaut und ins Freisinger Diözesanmuseum gebracht. Die Restaurierung 1989–94 anlässlich des 500-jährigen Jubiläums der Weihe hat viele gotische, barocke und neogotische Werke an den ursprünglichen Bestimmungsort zurückgeführt. Dazu gehören die Glasgemälde des 14.–16. Jh.s im Chor und in den Seitenschiffen (teilweise aus der Vorgängerkirche, z. B. *Große Passion* um 1400; sechste Seitenkapelle rechts), die Apostel- und Prophetenbüsten von Erasmus Grasser im erneuerten Chorgestühl, zwölf vergoldete Reliefs mit dem *Marienleben* von Ignaz Günther am Altar des Chors. Weitere bedeutende Ausstattungsstücke finden sich in den Kapellen des Chorumgangs, darunter in der Bennokapelle (zweite Kapelle rechts) das Reliquiar und die Silberbüste des Heiligen von 1601–04, in der dritten Kapelle links die monumentale, noch farbig gefasste Holzskulptur *Hl. Christophorus* von Hans Leinberger (um 1525) sowie die *Schutzmantelmadonna* von Jan Polack (1510) in der Chorhauptkapelle. Die Glasmalereien des *Scharfzandfensters*, 1493 gestiftet vom Kaufmann Wilhelm Scharfzand, sind das Hauptwerk des damals berühmten Straßburger Glasmalers Peter Hemmel von Andlau. Gegenüber liegt der Zugang zur 1971 umgestalteten Krypta, der Wittelsbacher Gruft mit den Gräbern von Kaiser Ludwig IV. bis Herzog Albrecht V. und ihren Gemahlinnen (teilweise aus der Vorgängerkirche des 13. Jh.s). In der benachbarten Kapitelgruft sind die Erzbischöfe von München und Freising, die Kanoniker des Domkapitels sowie Münchner Patrizier und Adelige bestattet.

Unter den vielen Grabtafeln und Grabmälern im Kirchenraum ragt das **Grabmonument für Kaiser Ludwig IV. den Bayern** – seit 1314 deutscher König und seit 1328 Kaiser – heraus (erstes Joch, rechtes Seitenschiff). Schon Ludwig selbst hatte zu Lebzeiten für sich und seine Gemahlin im Vorgängerbau ein Grab angelegt, das aber 1468 unter Albrecht IV. durch ein neues Monument ersetzt wurde. Von diesem spätgotischen Grabmal besteht heute die Deckplatte mit der Liegefigur des Toten. Darüber ließ Kurfürst Maximilian I. 1622 vom Bildhauer Hans Krumper ein neues architektonisches Gehäuse aus schwarzem Marmor und mehrere Bronzefiguren errichten.

Den Grabbau begleiten die lebensgroßen Bronzestandbilder der beiden zuletzt verstorbenen Herzöge Wilhelm IV. und Albrecht V. sowie vier kniende Grabwächter in Prunkrüstungen mit Lanzen in den Händen (ursprünglich von Hubert Gerhard und Carlo Pallago für ein Grabmal Wilhelms V. in der Michaelskirche geschaffen). Die Bekrönung bilden Genien mit den Reichskleinodien, die auf Ludwigs Aufstieg zum Kaiser hinweisen. Der ursprüngliche Standort des prunkvollen Grabes im Chor verweist unmissverständlich auf die Funktion der Frauenkirche als Hofkirche.

Ehemalige **Augustinerkirche St. Johann Evangelist und St. Johann Baptist** (I D5): Wie in allen europäischen Städten des Mittelalters spielten auch in München die Bauten der Bettelorden eine wichtige Rolle, aber aus dieser Zeit hat sich nur die Kirche der Augustiner-Eremiten, wenngleich in veränderter Gestalt, erhalten. Die 1291–94 errichtete Anlage gehörte zu den bedeutendsten gotischen Bauwerken in der Stadt. Das heutige Erscheinungsbild der ehemals dreischiffigen Basilika geht auf die Erweiterung des Chors 1330–41, den Umbau des Langhauses 1458 und seine Barockisierung 1618–20 sowie schließlich auf die massiven Eingriffe Anfang des 20. Jh.s zurück. Damals wurde die seit Anfang des 19. Jh.s profanierte Kirche durch eine Zwischendecke in zwei Stockwerke mit großer Treppe aufgeteilt, die Seitenschiffe wurden vermauert, sodass nur noch der Außenbau und das Mittelschiff einen Eindruck von der ursprünglichen Kirche mit dem sehr frühen Barockstuck im Gewölbe vermitteln. Nach den Zerstörungen im Zweiten Weltkrieg wurde die einstige Kirche zum Deutschen Jagd- und Fischereimuseum umgebaut. Das Kloster fiel dem Bau des Polizeipräsidiums von Theodor Fischer 1910–14 zum Opfer. Die Kirche bietet zusammen mit der Fassade von St. Michael und den Türmen der Frauenkirche eine der bekanntesten Ansichten Münchens.

St. Michael

◆ **St. Michael** (I D5), ein Hauptwerk der Architekturgeschichte, war die erste von der italienischen Baukunst geprägte Renaissancekirche nördlich der Alpen und wurde zukunftsweisend für die süddeutsche Barockarchitektur. Zugleich war die Kirche ein Monument, mit dem der Auftraggeber Herzog Wilhelm V. programmatisch seine Verteidigung des katholischen Glaubens im Kampf gegen Luther zum Ausdruck bringen wollte. Daher ließ er die Kirche für die Jesuiten erbauen, die wichtigsten Mitstreiter der Gegenreformation. Der Orden war sich der propagandistischen Wirkung von Architektur bewusst und errichtete in vielen Städten Kirchen und Kollegien zur Erziehung, die aufgrund gemeinsamer architektonischer Merkmale als Jesuitenbauten erkennbar waren und der Gemeinschaft eine Art Corporate Identity gaben. Da der Orden der aktiven Teilnahme der Gläubigen an der Messe große Bedeutung beimaß, bevorzugte er einschiffige Saalbauten mit guter Sicht auf den Altar nach dem Vorbild der Mutterkirche des Ordens Il Gesù in Rom. Außerdem sollten neuartige Architekturformen und eine üppige Ausstattung mit Bildern und Skulpturen den Gläubigen beeindrucken und von der katholischen Glaubenslehre überzeugen.

Der Münchner Kirchenbau wurde 1583–90 von einem nicht überlieferten Architekten (Wendel Dietrich?) begonnen. Als 1590 kurz vor Fertigstellung der Turm einstürzte und den Chor zerstörte, beschloss Herzog Wilhelm V., das bestehende Langhaus um einen repräsentativen Anbau aus Querhaus mit Kuppel und Chor zu erweitern. Der Architekt war Friedrich Sustris, ein in Italien ausgebildeter niederländischer Maler und Architekt, der seit 1573 als »Hofkunstintendant« im Dienst des Herzogs in München tätig war. Nach schweren Auseinandersetzungen mit den Jesuiten, die den Plan, das Grabmal Herzog Wilhelms V. und seiner Gemahlin unter der Vierungskuppel zu errichten, vereitelten, fand man einen Kompromiss: 1593–97 entstanden die heutige, enorm langgestreckte Choranlage und das Querhaus ohne Kuppel. Die Gewölbe von Langhaus und Chor stürzten im Zweiten Weltkrieg ein und wurden 1946 wiederaufgebaut.

Sowohl die Fassade als auch der Innenraum stehen unverkennbar in der Tradition von Il Gesù, aber man hat das Vorbild nicht einfach kopiert, sondern lokalen Baugewohnheiten angepasst. Die Grundidee der repräsentativen, architektonisch aufwendigen Schauseite stammt zwar aus Italien, aber die spezifische Gestalt der **Fassade** mit hohem Giebel und zwei seitlichen anstatt eines mittleren Portals wirkt wie ein deutsches Bürgerhaus der Renaissance. Die Figuren in den Fassadennischen machen die Verbundenheit der Jesuiten mit dem bayerischen Herrschergeschlecht augenfällig. Hier erscheinen neben dem Kirchenpatron Michael (in der Nische zwischen den Eingangsportalen aus Marmor) und Christus (im obersten Giebelfeld) Herrscher, die sich um die Verteidigung des rechten Glaubens verdient gemacht haben, allen voran natürlich die Wittelsbacher und der Stifter Wilhelm V. selbst. Original erhalten ist nur die Bronzefigur des hl. Michael von Michael Krumper, einer der bedeutenden Bronzebildhauer Münchens Ende des 16. Jh.s. Der **Innenraum** ist wie Il Gesù ein langgestreckter Einheitsraum mit mächtigem, 20 Meter weitem Tonnengewölbe. Die in Kapellen geöffneten Seitenwände gliedert eine große Pilasterordnung. All dies war für den Sakralbau nördlich der Alpen etwas völlig Neues. Anders als in Italien befinden sich über den Seitenkapellen noch Emporen, und der gesamte Innenraum ist von einer einheitlichen weißen Stuckatur anstelle farbiger Marmorverkleidung überzogen. Beim Wiederaufbau nach dem Zweiten Weltkrieg ist der Stuck des Gewölbes nur vereinfacht rekonstruiert worden. Das Triumphbogenmotiv der Pilastergliederung – zwei schmale Joche flankieren ein breites Joch – wird als Symbol für den Triumph der Wittelsbacher über den ›Unglauben‹ der Protestanten gedeutet. Auch die reiche Ausstattung mit Altären, die weitgehend aus der Bauzeit stammen und von damals in München tätigen Hauptkünstlern stammen, gehört zu diesem Themenkreis: etwa der prunkvolle, goldgefasste Hochaltar (Architektur Wendel Dietrich nach Entwurf von Friedrich Sustris) mit dem Gemälde *Engelssturz*, also dem hl. Michael, der über die abtrünnigen Engel siegt (1587, Hauptwerk von Christoph Schwarz); ferner *Martyrium der hl. Ursula und ihrer Begleiterinnen* (1588, von Peter Candid; erste Seitenkapelle links) und *Martyrium des hl. Sebastian* (1588, Hans von Aachen und Antonio Paduano; zweite Seitenkapelle rechts). Besonders hervorzuheben sind die Bronzefiguren, die vom geplanten, nicht realisierten

Grabmal Wilhelms V. stammen. Dazu gehören die *Golgatha-Gruppe* mit *Christus am Kreuz* des seinerzeit hochberühmten italienischen Bildhauers Giovanni da Bologna (1594) und der *Hl. Maria Magdalena* von Hans Reichle (1595, vor dem Chor); ferner die Reliefs am Hochaltar und am Altar an den Chorstufen von Hubert Gerhard; vier Bronzeleuchter von Carlo Pallago (ebendort) sowie ein Bronzeengel mit Weihwasserbecken (Anfang des Langhauses). Im linken Querschiffarm befindet sich das Marmorgrabdenkmal von Eugène de Beauharnais, Herzog von Leuchtenberg, das der prominente Bildhauer Bertel Thorvaldsen 1830 nach einem Entwurf von Leo von Klenze schuf. In der Krypta unter dem Chor sind die Wittelsbacher Fürsten, u. a. Wilhelm V. und seine Gattin Renata von Lothringen, Kurfürst Maximilian I., Eugène de Beauharnais mit seiner Wittelsbacher Gattin Auguste Amalia und Ludwig II. bestattet. Die Kirche bildete mit dem angrenzenden ehemaligen **Jesuitenkolleg** (nach seinem Gründer auch Wilhelminum genannt; I D5), 1585/86 vom Architekten Wendel Dietrich erbaut, und der dahinterliegenden Herzog-Max-Burg, dem Alterssitz von Wilhelm V. (zerstört), den größten Gebäudekomplex der Stadt und war wie der spanische Escorial als ›Bollwerk‹ des katholischen Glaubens gedacht.

Augustinerbräu (I D5/6): Der einzige gut erhaltene ›Bierpalast‹ des späten 19. Jh.s vermittelt heute noch auf einmalige Weise die typisch Münchener Brauereiatmosphäre. Nach der Verlegung der seit 1382 vom Augustinerkloster auf der gegenüberliegenden Straßenseite betriebenen Braustätte an den Stadtrand errichtete der bekannte Münchner Architekt Emanuel von Seidl 1896/97 das heutige Gebäude. Von den historischen Innenräumen mit der charakteristischen dunklen Holzvertäfelung ist vor allem der Muschelsaal sehenswert. Er zeichnet sich durch eine Wandverkleidung mit Kieseln und Muscheln sowie eine – damals moderne – Glaskuppel aus.

◆ **Residenz** (I E5): Als städtischer Regierungs- und Wohnsitz war die Residenz von 1506 bis zum Ende der Monarchie 1918 das wichtigste Schloss der Wittelsbacher Herrscher in Bayern. In diesen vier Jahrhunderten hat fast jeder Herrscher an der Residenz gebaut, Vorhandenes verändert oder wenigstens die Räume neu eingerichtet, sodass im Laufe der Zeit eines der größten, prachtvollsten und meist bewunderten Schlösser in Europa entstand. Aufgrund dieser langen Baugeschichte ist die Residenz keine einheitlich gestaltete Anlage ›aus einem Guss‹, sondern ein historisch gewachsener Komplex aus verschiedenen Epochen, von der Renaissance des 16. Jh.s bis zum Klassizismus des 19. Jh.s. Es war den Wittelsbachern, ähnlich den Habsburgern an der Hofburg in Wien, offensichtlich daran gelegen, die lange Tradition ihrer Dynastie anhand der unterschiedlichen Bauabschnitte gleichsam ›ablesbar‹ zu machen. Denn eine Residenz war ein Prestigeobjekt, das aller Welt unmissverständlich Macht und Rang des Herrschers demonstrieren sollte. Zudem musste eine Residenz im Unterschied zu Land- und Jagdschlössern den gesamten, ständig wachsenden fürstlichen Haushalt und alle wichtigen Regierungseinrichtungen aufnehmen: Appartements für das Herrscherpaar und die engere Familie, Wohnungen für die Bediensteten des Hofstaats, Küchen, Keller, Stallungen und andere Wirtschaftsräume, ferner Hofämter, Kanzleien und Archive. Nur in der Residenz galt das vollständige Hofzeremoniell mit all seinen Verhaltensnormen, die sich auch auf die Gestalt des Schlosses auswirkten. Hier entfaltete sich der Glanz des höfischen Lebens in Form von öffentlichen Audienzen für Fürsten und Gesandte anderer Höfe, Staatszeremonien und gesellschaftlichen Vergnügungen wie Feste und Theateraufführungen. Seit 1920 ist die Residenz als **Residenzmuseum** der Öffentlichkeit zugänglich. Nach schweren Zerstörungen im Zweiten Weltkrieg wurden unter Einbeziehung der erhaltenen ausgelagerten Inneneinrichtungen weite Teile rekonstruiert, eine der größten denkmalpflegerischen Leistungen in Europa. Vieles ist aber auch verloren gegangen.

Rundgang: Obwohl der für Besucher vorgeschriebene Rundgang aus logistischen Gründen nur teilweise der historischen Entwicklung des Baus entspricht, sind die folgenden Ausführungen chronologisch aufgebaut und konzentrieren sich auf die wichtigsten noch erhaltenen Trakte der Residenz. Zur leichteren Orientierung ist die Nummerierung der Räume auf den Grundrissen angegeben. Den Kern der Anlage bildete die um 1385 nach einem Bürgeraufstand angelegte befestigte Wasserburg außerhalb der damaligen Stadtmauern, die **Neuveste**. Nachdem München 1506 durch das Primogeniturgesetz – das Recht des Erstgeborenen auf die alleinige Herrschaft – Hauptstadt von ganz Bayern geworden war, erweiterten die Herzöge von dieser Neuveste (zerstört) aus ihren Wohn- und Regierungssitz im Laufe der Jahrhunderte zu dem weitläufigen, fast labyrinthartig anmutenden Baukomplex, den wir heute kennen. Den Anfang machte Herzog Albrecht V. mit dem ersten stadteinwärts gelegenen Bauabschnitt, dem 1568–71 angelegten **Antiquarium (7)** für seine Sammlung antiker Skulpturen und eine Bibliothek im Obergeschoss: Nach dem Konzept seines gelehrten Beraters Jacopo Strada, eines auch am Kaiserhof in Wien tätigen Humanisten, der den bayerischen Herzog mit der Idee des Kunstsammelns nach dem Vorbild italienischer Fürsten vertraut machte, errichtete der Baumeister Simon Zwitzel einen langgestreckten, gewölbten Renaissancesaal, das erste Antikenmuseum nördlich der Alpen und das erste ausschließlich für Antiken geschaffene Museum überhaupt. Die heutige Gestalt des Antiquariums geht auf Albrechts Sohn Herzog Wilhelm V. zurück, der die ›Ausstel-

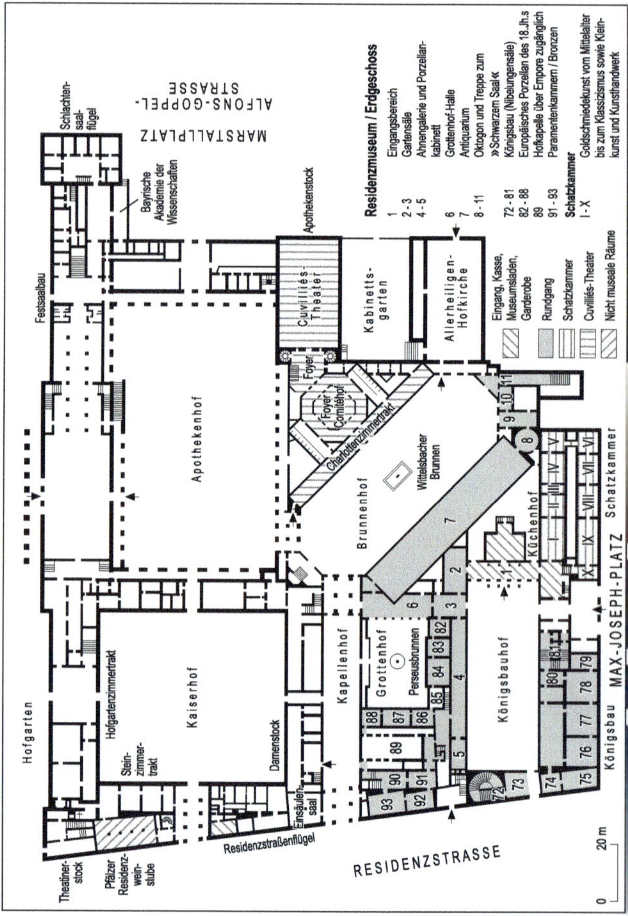

Residenz, Grundriss Erdgeschoss

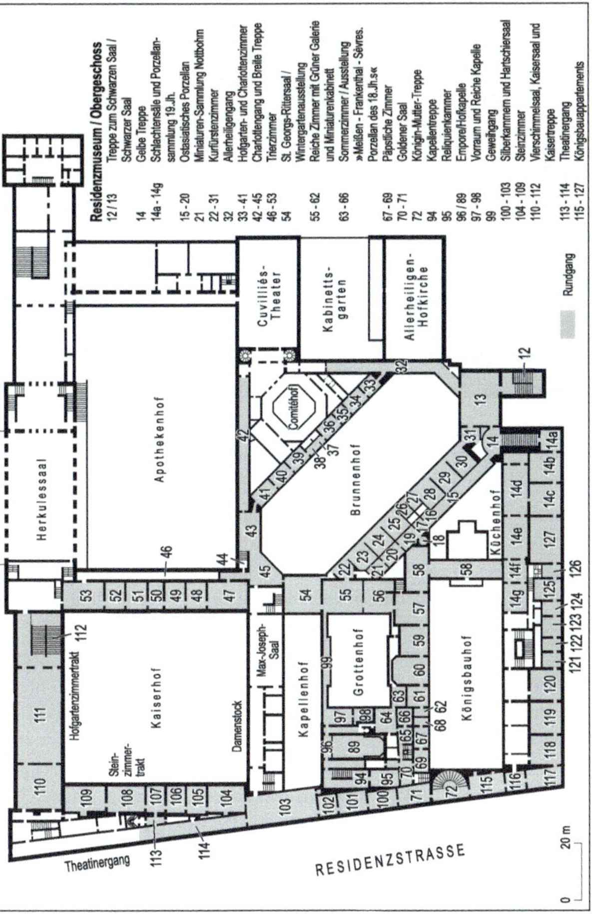

Residenz, Obergeschoss

Residenz, Antiquarium

lungshalle‹ durch seinen Kunstberater, den in Florenz ausgebildeten Niederländer Friedrich Sustris, zu einem Fest- und Bankettsaal umgestalten ließ, mit tiefer gelegtem Fußboden und einem Gewölbe, dessen Dekorationen mit Stuck- und Terrakottazierrat sowie Grotesken, Tugendallegorien und Ansichten bayerischer Städte Wilhelm V. und das Haus Wittelsbach verherrlichen. Die Groteskenmalerei – von antiken Dekorationen angeregte Rankenornamente, die mit menschlichen und tierischen Wesen, Früchten und Architekturteilen etc. belebt sind – waren im 16. Jh. die neueste Mode aus Italien. An der nordwestlichen Schmalseite wurde vor dem Kamin ein erhöhter Sitzplatz für die Tafel angelegt, an der der Herzog bei besonderen Anlässen öffentlich speiste. Auf den beiden Kredenzen von 1590–1600, den ältesten erhaltenen Möbelstücken der Residenz, stellte man schon damals Prunkgeschirr zur

Schau, wie heute das Majolikageschirr von 1576 aus Faenza, eines der umfangreichsten und besterhaltenen seiner Art mit Darstellungen aus der Bibel, der antiken Mytholgie und der römischen Geschichte. Wilhelms V. bedeutendster Beitrag zur Residenz war ein neuer Wohntrakt um einen italienisch inspirierten Gartenhof, den **Grottenhof (6)** mit Loggien, Brunnen- und Grottenanlage aus Tuff- und Tropfsteinen, farbigen Muscheln und Kristallen sowie ehemals auch roten Korallen. Der **Perseusbrunnen** mit der Bronzeplastik *Perseus mit dem Haupt der Medusa*, um 1590 von Hubert Gerhard nach einem Entwurf von Friedrich Sustris geschaffen, ist einem berühmten Florentiner Vorbild nachempfunden. Perseus hält triumphierend das abgeschlagene Haupt der Medusa in der Hand, dessen Anblick jeden zu Stein erstarren lässt. Dank der Förderung Wilhelms V. stieg München neben Augsburg zum wichtigsten Zentrum monumentaler Bronzeplastik nördlich der Alpen auf. Wilhelm V. ließ außerdem die **Breite Treppe (12)**, das früheste Beispiel einer gegenläufigen Treppe außerhalb Italiens, sowie den **Schwarzen Saal (13)** im Obergeschoss anlegen. Seine perspektivisch gemalte Scheinarchitektur nach italienischem Vorbild stammt aber erst aus dem Jahr 1602 und markiert den Anfang der illusionistischen Deckenmalerei in Süddeutschland.

Nachdem Bayern unter Maximilian I. ab 1623 zu einem der wichtigsten Staaten des Heiligen Römischen Reichs Deutscher Nation aufgestiegen war und sich als eifriger Verfechter des Katholischen Glaubens gegen die Protestanten positioniert hatte, erweiterte der Herzog und spätere Kurfürst die Residenz nach Plänen eines Künstlerteams aus dem Baumeister Heinrich Schön, dem Bildhauer Hans Krumper und dem Maler Peter Candid zu einem der größten Schlösser der damaligen Zeit. Zunächst ließ er zusammen mit neuen Wohnräumen (zerstört) 1601–03 die **Hofkapelle (89)** anlegen, deren Gliederung aus weißem Stuck sich stilistisch stark an St. Michael orientiert. Auf der Empore wohnte der Herrscher der Messe bei, während sich der Hofstaat im Erdgeschoss versammelte. Im benachbarten kleinen, privaten Andachtsraum von 1607, der **Reichen Kapelle (98)**, wurde der kostbare Schatz von Reliquien, körperlichen Überresten von Heiligen, aufbewahrt. Die Kapelle ist für ihre prunkvolle Ausstattung mit versilberten und vergoldeten Reliefs und der Scagliola-Wandvertäfelung berühmt. Diese buntfarbigen Stuckmarmorintarsien galten als besonderes Charakteristikum der Münchner Residenz. In einer zweiten Baukampagne entstanden 1612–16 der Brunnenhof und die **Kaiserhoftrakte** (auch »Maximilianische Residenz« genannt): Damit erweiterte Maximilian I. die Residenz um mehr als das Doppelte und verband die bis dahin locker gruppierten einzelnen Baukörper zu einem geschlossenen Komplex, der mit der langen **Fassade an der Residenzstraße** erstmals eine repräsentative Front zur Stadt nach dem Vorbild italienischer Herrscherpaläste erhielt. Auch die Gepflogenheit, die architektonische Gliederung nur auf die Wand zu malen anstatt plastisch auszuformen, stammt aus Italien. Monumentale Marmorportale mit Bronzeplastiken (Wappenschilde Bayerns und Lothringens, Tugendfiguren und Löwen von Hans Krumper und Carlo Pallago) und eine Wandnische mit *Maria mit Kind* akzentuieren die Fassade. Die Inschrift *Patrona Boiariae* weist Maria als Beschützerin Bayerns aus. Durch das linke Portal gelangt man in den weiträumigen **Kaiserhof**, den die Vierflügelanlage der Kaiserhoftrakte, auch hier mit aufgemalter Architekturgliederung, umschließt. Das Eingangsportal und der Innenhof bilden zusammen mit der **Kaisertreppe (112)**, der ersten monumentalen, von einem großen Gewölbe überspannten Treppe in Deutschland, den repräsentativen Zugang zu den neuen Residenztrakten. Der erste Raum, der sehr groß dimensionierte **Kaisersaal (111)**, diente als Festsaal, ist heute aber nach der Kriegszerstörung Ergebnis einer Rekonstruktion; die Deckenbilder wurden fotografisch reproduziert. Die anschließenden Raumfluchten, die **Trier- (47–53)** und **Steinzimmer (104–109)**, waren als Appartements für hohe Gäste wie den Kaiser, den ranghöchsten Fürsten des Heiligen Römischen Reichs Deutscher Nation, konzipiert – falls er in München einmal Station machen sollte. Die Steinzimmer sind nach der prunkvollen Ausstattung mit Marmor, Stuckmarmor und Scagliola, etwa an den Türrahmen, benannt. Hier sind wie auch in den Trierzimmern herausragende Prunkmöbel des 17. Jh.s, ein wahrer Schatz der Residenz, sowie Wandteppiche nach Entwürfen des damals wichtigsten Malers am Münchner Hof, Peter Candid, ausgestellt. Die wenigen, nur in den Trierzimmern erhaltenen Deckengemälde Candids thematisieren die gute tugendhafte Regierung des Fürsten. Der zweite Innenhof aus der Zeit Maximilians I. ist der **Brunnenhof**, der sich an der Diagonallage des Antiquariums orientiert; seit 1611 steht hier der **Otto-von-Wittelsbach-Brunnen**, ein bedeutendes Werk Münchner Bronzekunst nach Entwürfen von Hubert Gerhard (1586–92), das den ersten Wittelsbacher auf dem bayerischen Thron verherrlicht.

In der Barockzeit konzentrierten sich die Aktivitäten auf die Anlage neuer Raumfluchten und deren Ausstattung. In der zweiten Hälfte des 17. Jh.s setzte die Gemahlin des Kurfürsten Ferdinand Maria, die savoyische Prinzessin Henriette Adelaide aus Turin, mit ihrem Appartement, heute **Päpstliche Zimmer**, neue Maßstäbe für die weibliche Wohnkultur am Münchner Hof. Erstmals konnten die von italienischen Künstlern im Turiner Barockstil gestalteten Räume der Kurfürstin mit dem – wie an allen Höfen getrennten – Appartement des regierenden Herrschers konkurrieren. Von dieser Pracht ist aber nur das **Herzkabinett (68)** original erhalten geblieben, ein kleines Privatgemach mit aufwendig geschnitzter, vergoldeter Decke, deren herzförmige Bildfelder das Thema *Liebe* in ihren unterschiedlichen Aspekten beleuchten.

Die neue Raumfolge der **Reichen Zimmer (54–62)**, die Kurfürst Karl Albrecht 1729–33 anlegen ließ, sollte durch die hohe Anzahl der Räume und die überaus prachtvolle Ausstattung seinen Anspruch auf die Kaiserwürde – die er 1742 tatsächlich erlangte – veranschaulichen. Es handelt sich um Parade- und Gesellschaftszimmer, die diplomatischen Empfängen von Gesandten fremder Höfe sowie den Festlichkeiten der Hofgesellschaft dienten, während sich das eigentliche Wohnappartement des Kurfürsten, für die damalige Zeit ungewöhnlich, im Erdgeschoss befand. Das Paradeappartement entspricht mit der Abfolge von **Rittersaal (54)**, **zwei Vorzimmern (55, 56)** und **Audienzzimmer (57)** der Raumflucht des Kaisers in der Wiener Hofburg. In den Vorzimmern warteten Besucher nach Rang gestaffelt, bis sie zur feierlichen, öffentlichen Audienz beim Kurfürsten im Audienzzimmer vorgelassen wurden. Der lange Weg, den Gäste durch mehrere Zimmer bis zum Herrscher zurücklegen mussten, ist charakteristisch für Höfe des Heiligen Römischen Reichs, in denen nach dem Vorbild des Wiener Kaiserhofs das spanische Hofzeremoniell praktiziert wurde. Im rechtwinklig anschließenden **Konferenzzimmer (59)** fanden die Privataudienzen, die eigentlichen Verhandlungen, statt. Bei Abendveranstaltungen der Hofgesellschaft mit Spiel, Tanz und Konversation wurde dieser Raum zusammen mit dem Audienzzimmer, der **Grünen Galerie (58)**, die ausgewählte Gemälde und Spiegel in Prunkrahmen schmücken, und dem Paradeschlafzimmer sowie dem Spiegel- und Miniaturenkabinett als Gesellschaftsappartement genutzt. Das **Paradeschlafzimmer (60)** mit einem pompösen Bett unter einem Baldachin, das durch eine Balustrade abgeschirmt wird, hat man aus Frankreich übernommen, aber in München wurde hier nicht wie dort üblich

Besuch empfangen und schon gar nicht geschlafen. Der verantwortliche Künstler François Cuvilliés und der Stuckateur Johann Baptist Zimmermann steigerten von den Vorzimmern über die Audienzzimmer bis zu den Kabinetten Reichtum und Feinheit der vergoldeten geschnitzten Wandverkleidungen und stuckierten Decken und entwickelten hier einen unverwechselbaren Stil prachtvoller Rokokodekoration, der charakteristisch für die süddeutsche Kunst des 18. Jh.s werden sollte. Die zum Teil original erhaltenen luxuriösen Möbel, sowohl Schöpfungen Cuvilliés' als auch Importe aus Paris, bilden eine Einheit mit der Raumdekoration. Höhepunkt sind das **Spiegelkabinett (61)** mit kostbarem ostasiatischem Porzellan und das **Miniaturenkabinett (62)** mit roten Lackverkleidungen und fein gearbeiteten Miniaturgemälden.

Kurfürst Max III. Joseph blieb nach seinem Regierungsantritt 1745 in den **Kurfürstenzimmern (22–31)** wohnen, die er schon als Prinz genutzt hatte, und ließ sich die Räume von Johann Baptist Gunetzrhainer und Cuvilliés im Rokokostil neu ausstatten. Nach der Zerstörung im Zweiten Weltkrieg konnten die Appartements nur in wesentlichen Zügen wiederhergestellt werden. Zur ursprünglichen Ausstattung gehören die sehenswerten Ansichten der Stadt München und des Sommerschlosses Nymphenburg des berühmten venezianischen Vedutenmalers Bernardo Bellotto, genannt Canaletto, von 1761. Sie vermitteln einen Eindruck vom damaligen Aussehen der Stadt (s. Abb. S. 163).

Das bedeutendste Bauunternehmen von Kurfürst Max III. Joseph war das **Cuvilliés-Theater**, neben dem Markgräflichen Opernhaus in Bayreuth das bedeutendste erhaltene Rokokotheater in Deutschland. Es wurde 1751–53 nach einem Entwurf von François Cuvilliés an der Stelle des heutigen Neuen Residenztheaters erbaut, nachdem das alte Theater zusammen mit der Neuveste 1750 abgebrannt war. Die ursprünglich veranschlagten Kosten von 53 000 Gulden wurden um das Dreifache überschritten. Da die Ausstattung des Zuschauerraums 1943 abmontiert und ausgelagert wurde, blieb das Theater vor Kriegszerstörung bewahrt und konnte 1956–58 an anderer Stelle innerhalb der Residenz wieder aufgebaut werden (Zugang vom Brunnenhof). Die architektonische Struktur des Zuschauerraums und seine prächtige Rokokodekoration im Farbenklang Weiß-Rot-Gold spiegeln die Rangordnung der höfischen Gesellschaft wider, die an den Opernaufführungen teilnahm. Das Zentrum des Logentheaters bildet die zwei Geschosse hohe Kurfürstenloge für das Herrscherpaar, die aufwendig mit Wappen, Karyatiden und Ornamenten ausgezeichnet ist und der Bühne genau gegenüberliegt. Die beiden ebenfalls doppelgeschossigen Proszeniumslogen zu Seiten der Bühne ähneln der Herrscherloge, da hier Mitglieder der Kurfürstenfamilie Platz nahmen. Am unterschiedlichen dekorativen Aufwand der vier Logengeschosse erkennt man die Sitzordnung der übrigen Teilnehmer: Die relativ einfach gestalteten Parterrelogen waren dem Stadtadel vorbehalten; im ersten Rang, auf demselben Niveau wie das Kurfürstenpaar, saß in den prachtvoll mit Atlanten, Karyatiden und Draperien geschmückten Logen der Hochadel, gefolgt vom niederen Adel im zurückhaltender dekorierten zweiten Rang und den Hofbeamten im einfach gestalteten dritten Rang. Wie in allen absolutistischen Hoftheatern diente jede Aufführung mit dem im Mittelpunkt des hierarchisch gestaffelten Publikums sitzenden Fürsten auch der Inszenierung seiner Herrschaft. Stilistisch gilt das Theater als herausragendes Beispiel der höfischen Rokokokunst, die der in Paris geschulte Cuvilliés von Frankreich nach Bayern vermittelte. Im europäischen Vergleich wirkte das Theater allerdings schon bald wegen des aufkommenden Klassizismus unzeitgemäß und wurde als »Verkinstelte(s) Opernhausgepäu« kritisiert.

Der neue strenge Einrichtungsstil des Empire, der sich von Frankreich über Europa verbreitete und griechisch-römische mit ägyptischen Elementen vermischte, hielt unter dem ersten bayerischen König der Neuzeit, Max I. Joseph, in der Residenz Einzug. 1816 ließ er für seine Tochter, die sich von ihrem Gatten getrennt hatte, die nach ihr benannten **Charlottenzimmer (39–41)** in diesem Stil ausstatten.

Erst unter König Ludwig I. kam es ab 1826 wieder zu umfangreichen Baumaßnahmen; sie sollten der Residenz nach dem Aufstieg Bayerns zum Königreich endlich das Aussehen eines Königsschlosses verleihen. Mit dem Festsaal- und dem Königsbau nach Entwürfen Leo von Klenzes erhielt die Residenz stadteinwärts nach Süden und stadtauswärts zum Hofgarten erstmals ein repräsentatives äußeres Erscheinungsbild. Auf ausdrücklichen Wunsch Ludwigs I. kombinierte Klenze beim **Königsbau** (1826–36), dem Wohntrakt des Herrscherpaars zum neuen Max-Joseph-Platz (s. S. 87), zwei Florentiner Vorbilder: den abgestuften, ganz mit Rustikabossen verkleideten Baukörper des Palazzo Pitti und die Pilasterordnung des Palazzo Rucellai. Für die Ausstattung der **Nibelungensäle (74–79)** mit monumentalen Wand- und Gewölbefresken von Julius Schnorr von Carolsfeld standen ebenfalls italienische Palastbauten Pate, während die Bildthemen aus der mittelalterlichen Nibelungensage stammen, die im 19. Jh. als deutsches Nationalepos gefeiert wurde. Diese Säle waren von Anfang an als öffentlich zugängliche Schauräume gedacht. Im Obergeschoss wurden die **Prunkappartements (115–127)** für das Herrscherpaar im klassizistischen Stil nach Entwurf Klenzes eingerichtet. Der Königsbau ist bis 2018 wegen Restaurierung geschlossen. Der von der italienischen Hochrenaissance inspirierte **Festsaalbau** zum Hofgarten mit vorgesetztem Säulenportikus und Eckrisaliten entstand 1832–42 zusammen mit dem **Apothekerhof** und diente ehemals ausschließlich repräsentativen Zwecken, wurde aber nach schweren Kriegszerstörungen im Inneren nicht wieder rekonstruiert (u. a. anstelle des ehemaligen Thronsaals heute der Herkulessaal für Konzerte). Den Anstoß zum Bau der **Allerheiligenhofkirche** bekam Ludwig I., als er noch als Kronprinz zu Ostern 1823 der Messe in der Cappella Palatina, der prachtvoll mit Mosaiken ausgestatteten Schlosskapelle der normannischen Herrscher aus dem 13. Jh. in Palermo, beigewohnt hatte. Aber sein Architekt Leo von Klenze zog wegen der für eine Hofkirche notwendigen Emporen für den Herrscher das Vorbild von S. Marco in Venedig vor und schuf 1826–37 eine Synthese aus beiden Vorbildern. Nach den schweren Kriegszerstörungen ist die Ausstattung mit Fresken, die den Goldglanz von Mosaiken imitierten, nicht wiederhergestellt worden. Der erst 2003 abgeschlossene Wiederaufbau hat den Raum, der heute für Veranstaltungen wie Konzerte dient, im nackten Mauerwerk belassen.

In die Residenz integriert (Königsbau) ist die **Schatzkammer (I–X)**, eine der weltweit bedeutendsten Sammlungen von Juwelen, Kroninsignien und anderen luxuriösen Goldschmiede-, Email-, Elfenbein- und Kristallarbeiten in Form von Gefäßen, Pokalen, Orden, kleinen Truhen und Statuen, liturgischen Geräten und Reliquienbehältern vom frühen Mittelalter bis zum 19. Jh. Von Herzog Albrecht V. 1565 gegründet und testamentarisch als unveräußerlich bestimmt, wurde dieser kostbare Schatz dank der Sammelleidenschaft der Wittelsbacher Herrscher in der Folgezeit ständig erweitert, u. a. im 18. Jh. durch Beutestücke Kurfürst Max Emanuels aus dem Osmanischen Reich und den kurpfälzischen Schatz Karl Theodors aus Mannheim; ferner im 19. Jh. durch Werke aus aufgelösten Klöstern und die Kroninsignien des neu geschaffenen Königreichs Bayern.

◆ **Hofgarten** (I E5): Die älteste erhaltene Grünanlage der Stadt ist ein bedeutendes Beispiel früher höfischer Gartenkunst in

Deutschland. Der erste Hofgarten wurde im 15. Jh. anstelle des heutigen Marstallplatzes angelegt und im 16. Jh. mehrfach erweitert und zu einem italienischen Zier- und Lustgarten umgestaltet. Als nördliche Begrenzung dieses Gartens entstand um 1560 ein Arkadengang, dessen Reste 1985 links vor der Staatskanzlei freigelegt wurden. Den heutigen Hofgarten nördlich der Residenz ließ Herzog Maximilian I. 1613–17 nach dem Vorbild italienischer Renaissancegärten als symmetrische Anlage gestalten: Zwei sich kreuzende Hauptachsen mit Diagonalwegen wurden von einem umlaufenden Wegegeviert gerahmt und an der Nord- und Westseite durch Arkadenbauten geschlossen. An diesen Oberen Hofgarten schloss sich ein tiefer gelegener Teil mit Weiher an, der Untere Hofgarten, der den älteren Garten ersetzte (heute Teil vor der Staatskanzlei). Im Schnittpunkt der Haupt- und Diagonalachsen des Oberen Hofgartens ließ Maximilian I. den vermutlich von Hans Krumper 1615 entworfenen **Hofgartentempel** erbauen, ein zwölfeckiger Pavillonbau, dessen Kuppel die bronzene Frauenfigur *Tellus Bavaria* (um 1590, heute Kopie, Original im Residenzmuseum), das Symbol Bayerns, des Bildhauers Hubert Gerhard sowie vier Bronzeputten von Hans Krumper (1613, heute Nachbildungen) bekrönen. Im Zuge des neuen Zeitgeists der Aufklärung öffnete Kurfürst Karl Theodor Ende des 18. Jh.s den Garten für die Bevölkerung und richtete im nördlichen Arkadenflügel die erste öffentliche Gemäldegalerie Deutschlands ein, der Ursprung der Alten Pinakothek. Die Ostseite des Unteren Hofgartens beherrscht die 1989–93 errichtete **Bayerische Staatskanzlei** (Architekten Ludwig von Mellinger, Diethart J. Siegert), ein von Anfang an umstrittener, langgestreckter Bau in Form eines monumentalen Gewächshauses, das den erhaltenen Mittelteil mit Kuppel des ehemaligen Bayerischen Armeemuseums von 1900–05 integriert. Davor steht seit 1926 das kubisch-abstrakte Mahnmal für die Gefallenen des Ersten Weltkriegs.

Hubert Gerhard, *Tellus Bavarica* auf dem Hofgartentempel

Joseph Carl Cogel, *Ehem. Schwabinger Tor und Theatinerkirche* (1814)

Odeonsplatz (I E5): 1816–29 von Leo von Klenze nach dem Abbruch der mittelalterlichen Stadtmauer und des Schwabinger Tors angelegt, bildet der Platz den Übergang von der Altstadt zur Stadterweiterung des 19. Jh.s. Das weiträumige, unregelmäßige Areal, das sich im Norden zur damals neu geschaffenen Ludwigstraße und im Westen zur Briennerstraße öffnet, wird von stark italienisch beeinflussten Bauten unterschiedlicher Stilrichtungen gesäumt, die dem Platz ein ausgeprägt südländisches Flair wie sonst nirgendwo in München verleihen. ♦

Die barocke **Theatinerkirche St. Kajetan** (I E5) wurde schon vor der Anlage des Odeonsplatzes erbaut, als hier noch die Stadtmauer verlief. Die Kirche geht auf das Gelübde des Kurfürstenpaares Ferdinand Maria und Henriette Adelaide zu- ♦

rück, dem hl. Kajetan zum Dank für die Geburt eines Thronerben eine Kirche zu stiften. Die Auftraggeberin, eine Prinzessin aus dem altehrwürdigen Herzogsgeschlecht der Savoyer, war mit der prächtigen Barockkunst ihrer Heimatstadt Turin vertraut und hielt von den einheimischen Künstlern in München nicht viel. Daher berief sie für alle ihre Bauvorhaben und deren Ausstattung italienische Architekten und Maler. Die Theatinerkirche, Münchens bekanntestes Beispiel italienischen Kunstimports des Barock (»die schönste und wertvollste Kirche der Stadt bauen«, schrieb die Prinzessin in einem Brief), wurde bahnbrechend für die Entwicklung bayerischer Barockarchitektur. Neben ihrer Funktion als Hofkirche und Grablege der Wittelsbacher sollte die Kirche als Sitz des vom hl. Kajetan von Thiene gegründeten italienischen Reformordens der Theatiner dienen.

Der Bau wurde 1663 nach einem Entwurf von Agostino Barelli begonnen, der schon in Bologna eine Kirche für die Theatiner gebaut hatte. Als der Architekt wegen eines Streits mit dem örtlichen Bauleiter Antonio Spinelli München 1674 verließ und durch den Hofbaumeister Enrico Zuccalli aus Graubünden ersetzt wurde, war die Kirche bis auf die Kuppel und die Fassade fertiggestellt. Zuccalli fügte der Fassade 1684–92 die Türme hinzu und veränderte die Kuppel. Die Fassade wurde erst 1765–68 nach erneut überarbeiteten Entwürfen von François Cuvilliés vollendet. 2014–18 wird der Außenbau saniert.

St. Kajetan ist nach dem Vorbild der Mutterkirche des Theatinerordens in Rom, S. Maria della Valle, als kreuzförmige Anlage mit breitem Querhaus, hoher Tambourkuppel über der Vierung und einem Langhaus, das von überkuppelten Nebenkapellen begleitet wird, angelegt. Die Doppeltürme verleihen der **Fassade** zwar einen eher nordalpinen Charakter, aber der zweigeschossige Mittelteil mit abschließendem Giebel lehnt sich ebenso wie die Kuppel mit ihrem säulengeschmückten Tambour an den römischen Prototyp an. Türme und Kuppel sind zu einem prägnanten Motiv der Skyline Münchens geworden. Das **Innere** ist im Unterschied zur farbigen Ausstattung des römischen Vorbildes S. Andrea della Valle ganz mit reichem, teils figürlichem Stuck in einheitlichem Weiß dekoriert. Das Langhaus artikulieren kräftige Dreiviertelsäulen, die ein stark plastisch ausgearbeitetes Gebälk tragen. Das mächtige Tonnengewölbe bleibt, abgesehen von den Gurtbögen, ohne Stuckdekoration. Das Zentrum der Kirche bildet die hohe Tambourkuppel mit großen Fenstern, die die Vierung in ein gleißendes Licht tauchen. Die Kanzel aus dunkel gebeiztem Eichenholz, 1685–89 von Andreas Faistenberger geschaffen, setzt sich stark von der weißen Architektur ab. Der Chor und die Querschiffarme nehmen Altäre auf, deren monumentale Rahmenarchitektur mit von Blattwerk umrankten Säulen zur eigentlichen Architektur der Kirche in Konkurrenz tritt. Das Hochaltargemälde des Venezianers Antonio Zanchi ging im Zweiten Weltkrieg verloren und ist heute durch die *Thronende Maria mit Heiligen* des Rubensschülers Caspar de Crayer ersetzt. Die Figuren auf dem Giebel darüber setzen die heiligmäßigen Vorfahren der Auftraggeberin Henriette Adelaide aus Turin in Szene: Ludovica, Amedeo IX. und Margherita von Savoyen sowie der heilige König Ludwig IX. von Frankreich. Auch die Schranke, die den Chor der Theatinerpatres gegen den Kirchenraum abschirmt, erlitt im Krieg Schäden. Von den vier monochrom weiß gefassten, über drei Meter hohen holzgeschnitzten Evangelisten-Figuren, Hauptwerke von Balthasar Ableithner (1670–72), stehen nur noch zwei in Original. Der teilweise verbrannte *Hl. Lukas* konnte mithilfe aufwendiger computergestützter Techniken 2015 ergänzt werden. Die Rekonstruktion des völlig zerstörten *Hl. Matthäus* soll folgen. Dem 1671 heiliggesprochenen Gründer des Theatinerordens

Kajetan ist der Seitenaltar im linken Querhaus von Joachim von Sandrart, einem bedeutenden deutschen Barockmaler und Kunsttheoretiker, gewidmet. Es zeigt *Kajetans wunderbares Eingreifen bei der Pest zu Neapel*. Der Seitenaltar im rechten Querhaus mit der *Hl. Sippe* von Carlo Cignani (1676) spielt auf die Kurfürstenfamilie an, deren Fortbestand nach der Geburt des Thronfolgers Max Emmanuel gesichert ist. In der 1885 angelegten Fürstengruft sind mehrere bayerische Kurfürsten und Könige bestattet, von den Stiftern Ferdinand Maria und Henriette Adelaide bis zum Prinzregenten Luitpold und Kronprinz Rupprecht (gestorben 1955).

Die **Feldherrnhalle** (Odeonsplatz; I E5), 1841–44 von Friedrich von Gärtner errichtet, schafft den architektonischen Abschluss der Altstadt gegen die Ludwigstraße. Die dreibogige Halle auf hohem Sockel gehört zu einer Reihe von Kopien italienischer Bauten, die König Ludwig I. in München anlegen ließ. Für die zum Andenken der bayerischen Feldherren Johann Graf von Tilly und Karl Fürst von Wrede erbaute Halle stand die Loggia dei Lanzi (1376–82) in Florenz Pate. 1844 schuf Ludwig von Schwanthaler die überlebensgroßen Bronzestandbilder der beiden Feldherren, die sich im Dreißigjährigen Krieg bzw. in den napoleonischen Kriegen verdient gemacht hatten. 1892 kam das im Hintergrund aufgestellte Denkmal für die bayerische Armee von Ferdinand von Miller hinzu. Ausdrücklich hatte der damalige Prinzregent Luitpold kein Siegesdenkmal verlangt. Heute verbindet sich mit dem Gebäude auch die Erinnerung an Hitlers fehlgeschlagenen Putschversuch von 1923 sowie an das 1933 von den Nationalsozialisten hier aufgestellte Mahnmal für die Opfer des Putsches, das nach dem Ende des Zweiten Weltkrieges eingeschmolzen wurde.

◆ Das **Palais Preysing** (I E5), einer der wenigen noch sichtbaren adeligen Wohnsitze des 18. Jh.s, wurde 1720–27 für Oberstjägermeister Maximilian Graf von Preysing erbaut. Es ist das

Hauptwerk von Joseph Effner, dem in Paris geschulten Hofbaumeister, und Münchens erstes Rokoko-Palais. Da der Bau an drei Seiten frei steht, besitzt er als Besonderheit drei ausgearbeitete Fassaden. An den beiden Hauptfronten wird die Fassadenmitte durch Eingangsportale auf Säulen und Risalite mit Kolossalpilastern, die sich wie bei den Wiener Bauten von Lukas von Hildebrandt nach unten verjüngen, betont. Erstmals kam an einem Außenbau eine reiche Stuckdekoration aus der Innenraumdekoration zum Einsatz. Beim Wiederaufbau nach dem Zweiten Weltkrieg entstand im Inneren ein modernes Geschäfts- und Wohnhaus. Sehr sehenswert ist das berühmte Prunktreppenhaus, ein charakteristisches Beispiel für eine mehrarmige repräsentative Treppenanlage der Zeit.

Ehemaliges **Café Feldherrnhalle** (Residenzstraße 23; zuvor Tapeten Fischer; I E5): Der 1903 von Max Littmann errichtete Bau gehört zu den wenigen im Zentrum erhaltenen Beispielen eines historischen Geschäfts- und Wohnhauses. Hinter der schmalen, geschwungenen Fassade mit vertikaler Dreiteilung und horizontalen Fenster- und Dekorstreifen erahnt man die Stahlbetonkonstruktion, die erst die großen Schaufenster möglich machte. Nach den schweren Bombenschäden von 1944 wurde das Haus rekonstruiert.

Fünf Höfe (I D/E5): Die 1998–2003 anstelle des Bankenareals zwischen Theatiner-/Kardinal-Faulhaber- und Maffei-/Salvatorstraße angelegte Einkaufspassage mit der **Kunsthalle der Hypo-Kulturstiftung** war der erste Wettbewerbserfolg (1994) des Basler Architekturbüros Herzog & de Meuron, die mittlerweile weltweit tätig sind – z. B. entwarfen sie das Nationalstadion in Peking für die Olympischen Sommerspiele 2008 und machen aktuell Schlagzeilen mit der Elbphilharmonie in Hamburg. Unter weitgehender Bewahrung historischer Fassaden und Bauteile wurde der Baublock entkernt und in Anlehnung an die im 19. Jh. beliebten Einkaufsgalerien eine Abfolge von Höfen und Passagen geschaffen, die jeweils ihren eigenen Charakter haben. Die gläserne Salvatorpassage mit herabhängenden Schlingpflanzen bildet den Kern der Anlage. Lediglich zur Theatinerstraße beim Eingang zur Kunsthalle entstand eine neue Fassade mit Schiebeelementen aus Lochblech. Teile des Komplexes stammen von anderen Architekten: der Maffeihof von Ivano Gianola, der auch den benachbarten Schäfflerhof schuf; die Fasssade zur Salvatorstraße von Hilmer & Sattler und Albrecht.

In der **Kardinal-Faulhaber**- und in einem Teil der **Prannerstraße**, die von barocken **Adelspalais** und monumentalen neobarocken **Bankengebäuden** gesäumt werden, kann man noch charakteristische Straßenbilder des alten München sehen (I D5). Das **Palais Portia**, ursprünglich ein gotisches Haus, baute 1693/94 der aus Italien stammende Architekt Enrico Zuccalli für Maria Anna Gräfin Fugger im Stil italienischer Barockpaläste um. Das Fassadenschema – Erdgeschoss mit Rustikaverkleidung, darüber zwei durch eine Kolossalordnung zusammengeschlossene Wohngeschosse – ist römischen Beispielen wie dem Palazzo Chigi-Odescalchi von Gian Lorenzo Bernini verpflichtet. Der Bau wurde für viele spätere Münchner Barockpaläste zum Vorbild. Nach Kriegszerstörung, der eine der wertvollsten Rokoko-Interieurs von François Cuvilliés zum Opfer fiel, stand nur noch die Fassade, der Wiederaufbau erfolgte 1950–52. Der Stuckdekor der Fassade und das Balkongitter gehen auf Veränderungen Cuvilliés zurück. Das **Palais Holnstein** ließ Kurfürst Karl Albrecht 1733–37 von François Cuvilliés für seinen illegitimen Sohn Franz Ludwig Graf von Holnstein errichten. Dieses einzige unversehrt erhaltene Münchner Stadtpalais des Rokoko nutzt seit 1821 der Erzbischof von Freising (heute München und Freising) als Residenz. Die Fassade ist über dem rustizierten Sockelgeschoss aufwendig mit Kolossalpilastern gegliedert, die in der Mitte zu einem flachen Risalit mit Dreiecksgiebel und Wappen vorgezogen sind. Gemäß der damaligen französischen Architekturtheorie spiegelt die dreiteilige Fassadengliederung die funktionale Raumanordnung des Inneren wider: Den beiden seitlichen Fassadenteilen entsprechen im Grundriss die Seitentrakte der Vierflügelanlage. Die üppigen Stuckdekorationen der Fassade sowie das Deckenfresko *Gerechtigkeit und Friede* im Erdgeschoss stammen von Johann Baptist Zimmermann, der auch die (nicht öffentlich zugänglichen) Innenräume nach Entwürfen von Cuvilliés dekoriert hat. Eine Rarität sind die Rokokozimmer im zweiten Obergeschoss, darunter das berühmte Kabinett. Das **Palais Spreti**, 1720 im Auftrag von Maximilian Joseph Reichsgraf von Toerring-Jettenbach erbaut und später mehrfach verändert, besitzt nur noch im ersten Stock eine barocke Stuckrahmung der Fenster. Im Vergleich zu den benachbarten Barockpalästen wirkt der Sitz der 1835 gegründeten **Bayerischen Hypotheken- und Wechselbank** (I D5; heute HypoVereinsbank), ein typischer ›Geldpalast‹ des 19. Jh.s, aufgrund der wesentlich größeren Dimensionen und Häufung architektonischer und dekorativer Motive überladen, ja fast schlossartig. Das **Palais Neuhaus-Preysing** entstand um 1750 vielleicht nach Entwürfen von François Cuvilliés für die Adelsfamilie Neuhaus. Die Fassade – eine der wenigen original erhaltenen in München – steht dem kurz zuvor erbauten Palais Holnstein von Cuvilliés nahe. Nach der Zerstörung im Zweiten Weltkrieg wurde das Innere verändert aufgebaut, den Bedürfnissen der HypoVereinsbank angepasst und zuletzt 2000–05 erneut umgebaut.

Die Fassade des 1760/65 errichteten, im 19. und 20. Jh. veränderten **Palais Seinsheim** weist mit den gleichmäßig gereihten Fenstern und den wenigen Stuckdekorationen schon auf den aufkommenden Klassizismus voraus. Vom **Palais Gise**, um 1760 von Karl Albrecht Lespilliez, einem Nachfolger Cuvilliés, erbaut, ist nach Kriegszerstörungen nur die Fassade mit schweren rötlichen Fensterrahmungen und etwas willkürlich wirkenden Stuckierungen rekonstruiert worden.

Die **Salvatorkirche** (I D5) war ursprünglich die Friedhofskapelle für die Pfarrei der Frauenkirche (Friedhof 1789 aufgelassen). Der 1493/94 errichtete Backsteinbau des Architekten Hans Trager, ein einschiffiger Saal mit Netzgewölbe und mächtigem Turm, gilt neben der Frauenkirche und der Allerheiligenkirche am Kreuz als bedeutendes Beispiel spätgotischer Sakralarchitektur in München. 1828 vermachte König Ludwig I. die Kirche der ersten griechisch-orthodoxen Gemeinde in Deutschland. Seitdem besitzt sie eine neoromanische Ikonostase, die Leo von Klenze 1829 entwarf, und zahlreiche Ikonen byzantinischer Tradition.

Literaturhaus München (I D5): Das Gebäude wurde 1887 von Friedrich Löwel als Schulhaus im Stil der Neorenaissance erbaut. In der offenen Halle im Erdgeschoss fand bis 1906 auch ein Markt mit den Ständen von Händlern statt, die mehr als sechs Stunden Weg von München entfernt wohnten. Im Rahmen des Umbaus zum Literaturhaus 1995–97 setzte das Architekturbüro Kiessler + Partner Architekten einen modernen gläsernen Aufbau auf.

Promenadenplatz (I D5): Der ehemals von Lagerhäusern umgebene Salzmarkt wurde im 17. und 18. Jh. zusammen mit den angrenzenden Straßen zum bevorzugten Wohngebiet des Adels und des wohlhabenden Bürgertums, die sich hier ihre Palais erbauten. Im 19. und 20. Jh. kamen repräsentative Geschäfts- und Bankhäuser hinzu. Erwähnenswert sind das **Gunetzrhainerhaus**, Wohnsitz des Hofarchitekten Johann Baptist Gunetzrhainer von 1730 mit einer Stuckfassade im Stil der Régence; ferner das **Palais Montgelas** für Maximilian Graf von Montgelas, den großen Reformer des bayerischen Staats Anfang des 19. Jh.s, erbaut 1811–13 vom Architekten Emanuel

Joseph von Herigoyen im frühklassizistischen Stil. Das Innere ist heute in das benachbarte Hotel Bayerischer Hof integriert. Vor dem Palais fällt das überlebensgroße Standbild für Montgelas auf, das die Künstlerin Karin Sander 2005 aus wellenartig geriffeltem Aluminium schuf.

Die **Dreifaltigkeitskirche** (I D5) gehört zu den frühen Barockbauten Bayerns, die von norditalienischen Künstlern geschaffen wurden, bevor einheimische Kräfte sich durchsetzten und die süddeutsche Barockkunst des 18. Jh.s entwickelten. 1704 gelobten die bayerischen Landstände, eine Kirche zu Ehren der Hl. Dreifaltigkeit zu stiften, um die Verwüstungen des Spanischen Erbfolgekrieges von München abzuwehren. 1711–14 wurde die Kirche nach einem Entwurf von Giovanni Antonio Viscardi aus Graubünden erbaut. Die ungewöhnliche Fassade stößt mit ihrer plastischen Säulengliederung konvex in den Straßenraum vor. Das Innere des kreuzförmigen Zentralbaus beherrscht die überkuppelte Vierung. Das von Viscardi geliebte Motiv der abgeschrägten Kuppelpfeiler mit vorgesetzten Halbsäulen sowie die tambourlose Flachkuppel, die von außen ummauert ist, stammen aus der Mailänder Barockkirche S. Giuseppe. Das Fresko in der Kuppel ist ein Frühwerk von Cosmas Damian Asam, der sich in Rom geschult hatte und im 18. Jh. zum bedeutendsten Freskanten nördlich der Alpen aufstieg. In Anlehnung an die Ausmalung römischer Kuppeln (Giovanni Lanfranco, S. Andrea della Valle, 1625–28) stellte Asam die Verehrung der Hl. Dreifaltigkeit durch Engel, Apostel, Heilige und Tugenden als ringförmige Figurenanordnung dar und schuf die Illusion eines Ausblicks in einen lichterfüllten Himmel. Erstmals wurde in einer bayerischen Kirche – wie in Rom schon lange üblich – dem Deckenbild eine beherrschende Rolle im Verhältnis zur Architektur und zur Stuckdekoration eingeräumt, ein zukunftsweisender Schritt für die bayerische Deckenmalerei. Auch die übrigen Fresken stammen von Asam.

Maximiliansplatz / Wittelsbacher Brunnen (I D5): Münchens bekanntester Brunnen, das Meisterwerk des Bildhauers Adolf von Hildebrand, setzt zwischen Lenbachplatz und dem begrünten Maximiliansplatz, der im 19. Jh. auf den hügeligen Resten des ehemaligen Stadtwalls als Übergang zur neuen Maxvorstadt angelegt worden war, einen städtebaulichen Akzent. Der Brunnen wurde 1893–95 im Auftrag der Stadt als Denkmal für die Vollendung der neuen Hochdruck-Quellwasserleitung angelegt, die München, inzwischen zur Großstadt herangewachsen, mit sauberem Wasser aus dem Mangfalltal versorgte. Zum Dank für die finanzielle Unterstützung der Wittelsbacher wurde die Anlage nach ihnen benannt. Hildebrand, einer der führenden deutschen Bildhauer des 19. Jh.s, der lange in Florenz gelebt hatte, ließ sich für die monumentale Anlage mit zwei übereinander angelegten Bassins und einem abschließenden Schalenbrunnen von den großen Stadtbrunnen Italiens anregen. Auf den künstlichen Felsen zu beiden Seiten der Bassins ist je eine Reiterfigur platziert: *Der Reitermann* als Symbol für die zerstörerische Kraft des Wassers und *Das Frauenzimmer* für den Segen des Wassers. Die Reliefs am Schaft des Schalenbrunnens verkörpern die unterschiedlichen Erscheinungsformen des Wassers. Stilistisch gilt der Figurenschmuck als Musterbeispiel für Hildebrands Relieftheorie, nach der jede Skulptur schon von weitem auf einen Blick erfassbar sein sollte.

Lenbachplatz (I D5): Der unregelmäßig geformte, an der Grenze zwischen Altstadt und Maxvorstadt gelegene Platz ist von locker gruppierten Prachtbauten im typisch pompösen Stil des späten 19. Jh.s umgeben. Das **Bernheimer-Haus**, das Friedrich von Thiersch und sein Schüler Martin Dülfer, später als Jugendstilarchitekt Münchens berühmt, 1887–89 (mit Erweiterung von 1909) für den einflussreichen jüdischen Kunsthändler und »königlich bayerischen Hoflieferanten« Lehmann

Bernheimer errichteten, verbindet moderne Konstruktionsmethoden mit neobarocken Stilformen. Aufsehen erregte damals die unverkleidet belassene Eisenkonstruktion der Geschäftsräume, die eine großflächige Verglasung der Schaufenster ermöglichte. Es war Münchens erster repräsentativer Neobarockbau, zugleich eines der ersten kombinierten Geschäfts- und Wohnhäuser dieses Stils. Die **ehemalige Deutsche Bank** (**Alte Börse**), 1896–98 von Albert Schmidt erbaut, ist ein weiteres Beispiel neobarocker Repräsentationsarchitektur, die schlossartigen Charakter annimmt – ein typischer Bankpalast des späten 19. Jh.s. Über hohem, stark rustiziertem Sockelgeschoss erheben sich die beiden Obergeschosse, die eine kolossale Säulen- bzw. Pilasterordnung zusammenfasst. Das **Künstlerhaus**, 1892–1900 vom prominenten Architekten Gabriel von Seidl als Vereinshaus und Treffpunkt für Münchner Künstler geschaffen, macht deren hohen gesellschaftlichen Rang in der Stadt deutlich. Während am malerisch gruppierten Außenbau die norddeutsche Renaissance nachgeahmt wird, sind die Innenräume im Stil der italienischen Renaissance gehalten. Das original erhaltene Vestibül mit Treppenhaus und das Venezianische Zimmer gelten als bedeutende Beispiele der Innenraumkunst der Prinzregentenzeit. Bis 1938 bildete das Haus mit der **Synagoge** ein reizvolles Ensemble. Die Synagoge ließ Adolf Hitler bereits im Frühjahr 1938, ein halbes Jahr vor der Reichskristallnacht, abreißen.

Von der **Herzog-Max-Burg** (I D5), dem 1593 von Herzog Wilhelm V. erbauten Alterssitz mit Verbindung zum Jesuitenkolleg von St. Michael, wurde nach Zerstörung im Zweiten Weltkrieg nur der freistehende schlanke Turm vereinfacht restauriert. Der Plan des vollständigen Wiederaufbaus scheiterte am Widerspruch der Befürworter moderner Neubauten mit durchgehender Glasfassade von Theo Pabst und Sep Ruf (1954–57).

Karlstor und **Karlsplatz** (**Stachus**; I C5): Das 1302 erbaute Karlstor (Neuhausertor) gehörte wie das Isartor und das Sendlinger Tor zur zweiten, 1285–1315 angelegten Stadtmauer. Von der ursprünglichen Anlage mit Hauptturm und Wehrhof stehen heute nur noch die beiden Vordertürme, verbunden durch einen neogotischen Bogen des 19. Jh.s. Nach der Niederlegung der Stadtmauer 1791–93 unter Kurfürst Karl Theodor – der dem Tor den neuen Namen gab – legte der Architekt Graf Rumford den halbkreisförmigen Karlsplatz, im Volksmund »Stachus« genannt, mit den Rondellbauten an. Der Architekt Gabriel von Seidl erneuerte 1899–1902 die Rondellbauten und schloss sie an das alte Karlstor an. Seit der neuen Verkehrsführung über den Altstadtring 1966–70 ist der ursprüngliche Charakter des Platzes als repräsentativer ›Empfangsraum‹ vor dem Stadttor zerstört.

Das **Kaufhaus Oberpollinger** (I C5), heute Karstadt, das Max Littmann 1904/05 im Auftrag einer Hamburger Firma errichtete, gilt zusammen mit dem Kaufhaus Hertie am Bahnhofplatz und dem Kaufhaus Wertheim in Berlin (zerstört) als frühestes Beispiel von Kaufhausarchitektur. Die Fassade mit Vorbauten mit Giebeln täuscht drei Häuser vor, um sich, wie gefordert, dem um 1900 noch kleinteiligen Stadtbild anzupassen. Dahinter verbirgt sich eine moderne Stahlbetonkonstruktion. Die hanseatischen Handelssegelschiffe auf dem Giebel von Heinrich Düll und Georg Pezold spielen auf den Auftraggeber an.

Die **Bürgersaalkirche** (I D5) wurde 1710 ursprünglich als Versammlungssaal für die Marianische deutsche Männerkongregation nach Entwürfen des Architekten Giovanni Antonio Viscardi von Johann Georg Ettenhofer errichtet. Erst 1778 wurde das Gebäude als Kirche geweiht. Der Bau ist geteilt in eine niedrige Unterkirche, die der Kongregation ehemals als Druckerei zur Herstellung von Gebetszetteln diente, und darüber den Versammlungssaal. Nach den schweren Zerstörungen von 1944 stellte man den Bau wieder her, ohne jedoch die Ausstattung vollständig zu rekonstruieren. Die zweigeschossige Fassade zeichnet sich durch eine strenge Gliederung mit Doppelpilastern und großen Fenstern aus. Die Figur *Maria mit Kind* über dem Marmorportal spielt auf die Kongregation an. Die Unterkirche nimmt heute das Grab des Jesuitenpaters Rupert Mayer auf, der sich gegen das Hitler-Regime gestellt hatte. Bemerkenswert sind die 14 Kreuzwegstationen, vollplastische Figurengruppen, 1892–98 von Hans Sprenger geschaffen. Im Museum der Kongregation ist die *Schutzengelgruppe* von Ignaz Günther (1763) ausgestellt, ein Hauptwerk der süddeutschen Rokokoplastik, ehemals wohl eine Prozessionsfigur der Schutzengelbruderschaft bei der Karmelitenkirche. Die Oberkirche ist ein einfacher saalartiger Raum mit wuchtiger Pilastergliederung und sehr niedrigem Spiegelgewölbe, das großflächige Stuckaturen und Deckenfresken, Rekonstruktionen von 1971–73, schmücken. Wichtigstes Ausstattungsstück ist das versilberte Altarrelief *Verkündigung an Maria*, 1710 von Andreas Faistenberger für die Marianische Kongregation geschaffen.

Die **Damenstiftskirche St. Anna** (I D6) und das angrenzende Kloster wurden 1732–35 für den Frauenorden der Salesianerinnen, die Kurfürstin Henriette Adelaide 1675 aus Italien nach München geholt hatte, nach einem Entwurf von Johann Baptist Gunetzrhainer erbaut. Die Stuckierung und die Freskenausstattung schufen die Gebrüder Egid Quirin und Cosmas Damian Asam. Nach der Umwandlung in ein adeliges Damenstift erneuerte man 1785 die Klostergebäude. Trotz der vollständigen Rekonstruktion nach der schweren Kriegszerstörung von 1944 vermittelt die Kirche den Eindruck einer Barockkirche. Die Fassade gliedert ein einziges Motiv, eine große Pilasterordnung mit Segmentbogen. Der Innenraum, der sich an Viscardis Dreifaltigkeitskirche anlehnt, ist in drei Raumabschnitte unterteilt: einen Vorraum mit Nonnenempore, den kreuzförmigen, überkuppelten Hauptraum mit Dreiviertelsäulen an den abgeschrägten Ecken und den querrechteckigen Chorraum. Das umlaufende Gebälk fasst die Räume zu einer Einheit zusammen, ein Raumeindruck, den die in die Architektur einbezogenen Altäre noch unterstreichen. Die Fresken wurden nach dem Krieg nach Schwarz-Weiß-Fotografien monochrom nachgemalt.

Radspieler-Haus und **Haus zur Hundskugel** (I D6): In der **Hackenstraße** hat sich eines der wenigen zusammenhängenden Ensembles Altmünchner Häuser erhalten, darunter das Radspieler-Haus (ehemaliges Palais Rechberg; Nr. 7), 1678 entstanden und 1817 von Jean Baptiste Métivier, der hier auch wohnte, umgestaltet. Neben der teilweise bewahrten Innenausstattung ist der Garten als letztes Beispiel der für München typischen Hausgärten innerhalb der Stadt bemerkenswert. Das Haus zur Hundskugel geht auf den Umbau eines älteren Gebäudes im Jahr 1741, vielleicht von Johann Michael Fischer, zum Wohnsitz des bedeutenden Barockbildhauers Johann Baptist Straub zurück. Das einfache Haus fällt wesentlich bescheidener aus als das aufwendige Künstlerhaus von Egid Quirin Asam. Der Name verdankt sich dem Relief über dem Westportal mit Hunden, die mit einem Ball spielen. Das 1440 eröffnete Gasthaus zur Hundskugel (Ecke Hotterstraße) war Münchens älteste Wirtschaft (seit 2011 geschlossen).

Palais Lerchenfeld (I D6): Das um 1726 vielleicht von Ignaz Anton Gunetzrhainer erbaute bürgerliche Wohnhaus ahmt den Stil eines Adelspalais nach: Das zeigt sich besonders an der Fassade mit dem leicht vorspringenden, reich stuckierten Mittelrisalit. Nach der Zerstörung im Zweiten Weltkrieg wurde die ehemalige Vierflügelanlage im Inneren völlig verändert aufgebaut.

Die **Allerheiligenkirche am Kreuz** (I D6) errichtete um

1478–93 Jörg von Halspach, der Baumeister der Frauenkirche, als Kapelle des Friedhofs von St. Peter. Der unverputzte gotische Ziegelbau besitzt einen auffallend mächtigen Turm. Zu den wichtigen Ausstattungsstücken im Inneren mit spätgotischem Netzgewölbe gehören die Reste der gotischen Fresken, der prachtvolle Rokoko-Tabernakel aus der Schule Johann Baptist Straubs, ein spätgotischer Kruzifixus aus der Zeit um 1520 mit einer Fassung des 18. Jh.s sowie das Hochaltarbild von Hans Rottenhammer mit *Maria in der Glorie* (1614) und mehrere Epitaphe, darunter das Bronze-Epitaph für den Bankier Philipp Goetz mit der *Auferweckung des Lazarus* von Hans Krumper (1627).

St.-Johann-Nepomuk-Kirche (I D6): Die **Asamkirche**, ♦ eine der bekanntesten und eigenwilligsten Sehenswürdigkeiten Münchens, ist nach ihrem Erbauer und Stifter Egid Quirin Asam benannt. Der Bildhauer hatte die in die geschlossene Häuserfront eingefügte Kirche 1733–46 auf eigene Kosten als Privatkapelle zwischen seinem Wohnsitz (links) und dem Priesterhaus (rechts) erbaut, musste aber aufgrund von Bürgerprotesten auch die Nutzung als Gemeindekirche akzeptieren. Die Idee einer nach außen sichtbaren Privatkapelle, ihre von Hofkirchen abgeleitete Zweigeschossigkeit im Inneren und die geplante Grabstätte in der unterirdischen Gruft zeugen ebenso wie der benachbarte Wohnsitz vom Selbstbewusstsein des Künstlers. Egid Quirin Asam und sein Bruder Cosmas Damian, die wahrscheinlich beide in Rom die Barockkunst studiert hatten, gehörten zu den bedeutendsten Künstlern des 18. Jh.s. Die beiden Brüder bildeten ein perfektes Team, das in ganz Süddeutschland und weit darüber hinaus epochemachende Gesamtkunstwerke schuf, in denen Architektur, Malerei, Skulptur und Stuckdekorationen zu einer untrennbaren Einheit verschmelzen. Zeitweilig konnten sie sich vor Aufträgen kaum retten.

Asamkirche

Die schmale ungewöhnlich kostbar gestaltete **Fassade** wird von zwei kolossalen Pilastern mit Gebälk und gewelltem Giebel eingefasst, ein Motiv, das Gian Lorenzo Bernini für S. Andrea al Quirinale in Rom erfunden hatte, hier aber zu einem bewegten, wie aus einer Modelliermasse geformten Gebilde gesteigert wird. In diese konkav eingeschwungene große Ädikula wird eine kleine, konvex in die Straße vorgewölbte zweigeschossige Säulenädikula für das Eingangsportal und das große Fenster darüber, die Hauptlichtquelle für den Innenraum, gestellt. Die konkav-konvexen Schwingungen und die gewellten Giebel der Fassade verraten die Kenntnis der böhmischen und römischen Barockarchitektur. Der roh belassene Felsensockel, der ursprünglich als Brunnen gestaltet werden sollte, spielt auf den Titelheiligen Johann Nepomuk an, der im 14. Jh. in den Fluten der Moldau den Märtyrertod erlitten hatte und 1729 heiliggesprochen und zum Patron Bayerns erhoben wurde. Über dem Portalgiebel ist die *Vergöttlichung des hl. Johann Nepomuk* als vollplastische Gruppe dargestellt.

Der in ein mystisch dunkles Licht getauchte **Innenraum** überwältigt durch seine äußerst prachtvolle Ausstattung mit dunkelfarbigem Natur- und Stuckmarmor, Silberreliefs, Girlanden und Draperien, figürlicher Plastik sowie Deckenfresken und Wandmalereien. Um den wegen der beengten Grundstücksverhältnisse ungewöhnlich schmalen, hohen Raum optisch niedriger und breiter erscheinen zu lassen, ließ sich Asam ein paar geniale illusionistische Mittel einfallen: die horizontale Zweiteilung durch einen Laufgang; den oberen Abschluss mit einer vorkragenden Hohlkehle, die das Deckengewölbe zu den Seiten unbegrenzt wirken lässt; eine kraftvoll modellierte Wandgliederung mit perspektivisch ausgemalter, breiter Mittelnische, die den Längszug mildert und den Raum seitlich ›öffnet‹. Im Chor schuf Asam einen theatralisch inszenierten doppelgeschossigen Altar, jenes für die Barockzeit typische *theatrum sacrum* (›heiliges Theater‹), das den Gläubigen mit allen Mitteln überwältigen sollte. Der Altar im Erdgeschoss mit Glas-Sarkophag, in dem eine Wachsfigur des hl. Johann Nepomuk liegt, sowie einem Strahlenkranz mit seinen Reliquien macht den Kirchenpatron gegenwärtig. Im Obergeschoss erhebt sich ein freigestellter, weit in den Kirchenraum ragender Baldachin mit gedrehten Säulen, der einen *Gnadenstuhl* umfängt, das von einer unsichtbaren Lichtquelle verklärte Symbol der Dreifaltigkeit: Gottvater, bekrönt von einem Strahlenkranz mit der Taube des Hl. Geistes und umgeben von Engeln, hält seinen gekreuzigten Sohn (das eigentliche Altarbild, ein Relief mit dem Heiligen, fehlt heute). Seit der Öffnung des Fensters in der Rückwand 1977 ist die ursprünglich angestrebte dämmrige Lichtsituation allerdings verfälscht. In der Hohlkehle unter dem Gewölbe befinden sich versilberte Reliefs mit Szenen aus dem Leben des hl. Johann Nepomuk. Diesem Thema – man beachte die Darstellung des gotischen Veitsdoms in Prag – ist auch das große, auf 1735 datierte Deckenfresko von Cosmas Damian Asam gewidmet. Der Maler offenbart sich hier wie in seinen vielen anderen Werken als Meister der illusionistischen Deckenmalerei des Barock, die er in Italien kennengelernt hatte. Durch perspektivisch verkürzte Scheinarchitektur, die Darstellung der Figuren in Untersicht und den entsprechenden Einsatz von Farbe, Licht und Schatten berücksichtigt er den Blick des Betrachters von unten auf die Decke und erzeugt bei ihm die Illusion, der reale Raum öffne sich nach oben in einen imaginären Himmel mit dem zum Teil überirdischen Geschehen. Nach Bombenschäden 1944/45 wurde die Kirche 1946–48 wiederhergestellt und 1976–78 einer umstrittenen Restaurierung (Fensteröffnung im Chor) unterzogen.

Das **Asamhaus** (I D6) ist ein besonders schönes Beispiel für einen Künstlerwohnsitz. Seit Architekten, Maler und Bildhauer in der Renaissance vom Handwerker zu ›Geistesarbeitern‹ aufgestiegen waren, die geniale Erfindungen machten und daher unsterblichen Ruhm erlangten, leisteten sie sich oft repräsentative Häuser und brachten damit ihr Selbstverständnis zum Ausdruck. Egid Quirin Asam setzte dem Bürgerhaus aus dem 16. Jh. eine Schaufront mit üppiger figürlicher Stuckplastik vor, die christliche Themen mit solchen der antiken Mythologie verbindet, um seine Religiosität und Tugendhaftigkeit sowie seinen gesellschaftlichen Status und seine Bildung zu demonstrieren. Um das Eingangsportal sind Verkörperungen von Architektur, Malerei, Skulptur, Dichtkunst und Musik angesiedelt. Darüber erscheinen christliche Darstellungen wie die Hausmadonna und das Christusmonogramm. Im linken Fassadenbereich sieht man die antike Göttin Pallas Athene, die den Künstler aus den irdischen Niederungen, vertreten durch Amor, Satyrn und Faune, in das Reich des Wissens und der Kunst, den Parnass mit den Musen, Pegasus und Apoll, führt. Fama verkündet den unvergänglichen Ruhm des Künstlers.

Das **Sendlinger Tor** (I D6), der Stadtzugang von Süden, entstand wie das Isar- und das Karlstor im Zuge der Stadtbefestigung von 1285–1315. Von der ursprünglichen Anlage mit Hauptturm und Wehrhof haben sich nur die Seitentürme und die Verbindungsmauer erhalten, in die aus verkehrstechnischen Gründen 1906 der große Torbogen gebrochen wurde.

Münchner Marionettentheater (I D7): 1900 ließ Stadtbaurat Theodor Fischer das neoklassizistische Gebäude mit säulengerahmtem Bogenportal, breitem Giebel und Walmdach für das 1858 gegründete Marionettentheater, das erste seiner Art in Deutschland, errichten.

Ehemaliges **Technisches Rathaus** (Städtisches Planungshochhaus, I D7): Das 1927–29 vom Architekten Hermann Leitenstorfer entworfene, turmartige Backsteingebäude, im Inneren ein Stahlbetonskelettbau, war eines der ersten Hochhäuser in Deutschland.

Jüdisches Zentrum (I D6): Mit dem 2004–07 erbauten Komplex ist die orthodoxe israelitische Kultusgemeinde Münchens und Oberbayerns seit der NS-Zeit erstmals wieder im Stadtzentrum vertreten. Die drei voneinander unabhängigen Baukörper der Synagoge, des Kultur- und Gemeindezentrums und des Museums verteilen sich locker über den St.-Jakobs-Platz. Die weit in den Platzraum ragende **Synagoge Ohel Jakob** bildet den Mittelpunkt. Der markante Bau des Saarbrücker Architektenbüros Wandel Hoefer Lorch, die schon die Dresdener Hauptsynagoge geplant hatten, setzt sich aus einem massiven, rau belassenen Travertinsockel, der an die Klagemauer in Jerusalem erinnert, sowie einem gläsernen Kubus darüber zusammen. Sein bronzefarbenes Metallnetz besteht aus ineinander verschachtelten Davidsternen. Das Innere ist im unteren Bereich mit Zedernholz aus dem Libanon verkleidet. Die Synagoge ist auch vom Gemeindezentrum durch den unterirdischen Gang der Erinnerung zugänglich, wo an den Wänden die Namen der 4500 Münchner Juden verewigt sind, die von den Nationalsozialisten ermordet worden sind. Das **Jüdische Museum** besitzt genau umgekehrt zur Synagoge ein gläsern-transparentes Erdgeschoss und einen mit Travertinplatten hermetisch geschlossenen oberen Bereich. Die Sammlung, deren Tradition bis 1930 zurückreicht, vermittelt den jüdischen Anteil an der Münchner Kunst und Kultur.

Ignaz-Günther-Haus (I D6): Das gut erhaltene Beispiel eines Münchner Bürgerhauses gotischen Ursprungs mit Rokokofassaden an zwei Straßen war 1761–75 der Wohnsitz und die Werkstatt des bedeutenden bayerischen Rokokobildhauers Ignaz Günther. Im Innern ist noch eine geradlinige Holztreppe, die durch zwei Geschosse führt, die ›Himmelsleiter‹, zu sehen.

Das **Münchner Stadtmuseum** (I D6) besteht aus einem

Konglomerat von Gebäuden aus verschiedenen Epochen. Den Kern bilden der ehemalige Marstall von 1431 für die Pferde und die Wagen der städtischen Bürgerwehr sowie das ehemalige Zeughaus, das Lukas Rottaler 1491–98 mit hohem Giebel und Ecktürmchen errichtete. Dieses Stadthaus, in dem die Waffen der Bürger lagerten, war neben der Frauenkirche und dem Tanzsaal des Alten Rathauses das größte mittelalterliche Bauwerk Münchens. Seit 1888 wurden die Bauten als Stadtmuseum genutzt und mit dem Anwachsen der Sammlung in der ersten Hälfte des 20. Jh.s durch zusätzliche Trakte erweitert. Nach den Zerstörungen des Zweiten Weltkriegs und dem Wiederaufbau in Anlehnung an das zerstörte Baudenkmal 1976/77 kommt der spätgotischen Halle im Erdgeschoss des Zeughauses als einzigem original erhaltenen Profanraum der Spätgotik in München besondere Bedeutung zu. Schwerpunkt der Sammlung ist die Münchner Stadtgeschichte von der Gründung bis zur Gegenwart in historischer, gesellschaftlicher, kultureller und politischer Hinsicht, präsentiert in der Dauerausstellung »Typisch München«. Zu den Beständen gehören Gemälde, Skulptur und Plastik, Kunsthandwerk, Münzen, Plakate und Flugblätter, Waffen und Rüstungen, Tracht und Mode, Musikinstrumente, Puppentheater, eine bedeutende Film- und Fotosammlung sowie die Originale der weltberühmten *Moriskentänzer* aus dem Fest- und Tanzsaal des Alten Rathauses, Meisterwerke der spätmittelalterlichen Holzschnitzkunst, die der Bildhauer Erasmus Grasser 1480 geschaffen hat. Als Morisken bezeichnete man fahrende Komödiantengruppen, die im 15. Jh. in Deutschland improvisierte ekstatische Tänze mit wilden Sprüngen, begleitet von lauten Schreien und dem Klingen der Schellen an den Hand- und Fußgelenken, aufführten. Grasser gelang es, Momentaufnahmen der ausdrucksstarken Bewegungen und die Individualität der Gesichter festzuhalten.

Erasmus Grasser, *Moriskentänzer*; Stadtmuseum

Das **Isartor** (I E6) ist dank der Intervention von König Ludwig I. im Jahr 1833 das einzige in seiner ursprünglichen Gestalt erhaltene Stadttor mit Hauptturm zur Stadtseite, Wehrhof und zwei mächtigen, achteckigen Außentürmen. Es entstand im Zusammenhang mit der 1285–1315 angelegten Stadtbefestigung. Während der Restaurierung im 19. Jh. wurden die drei Spitzbögen geöffnet und das Fresko darüber, *Triumphzug Kaiser Ludwigs IV. des Bayern 1322*, angebracht. In den Türmen befindet sich das **Valentin-Karlstadt-Musäum**, die Kuriositätensammlung des Münchner Humoristen Karl Valentin und seiner Partnerin Liesl Karlstadt.

Platzl/Hofbräuhaus (I E6): Die platzartige, seit dem Mittelalter bezeugte Straßenerweiterung beherrscht eine Häuserbebauung des späten 19. Jh.s, die ein malerisches, scheinbar historisches Ensemble suggeriert. Prominentestes Bauwerk ist das 1896/97 vom seinerzeit gefragten Münchner Architekten Max Littmann errichtete, weltberühmte Hofbräuhaus in Formen der deutschen Neurenaissance (Straßenerker, Giebel). Die ehemals aufwendig dekorierten Innenräume einschließlich des riesigen Festsaals sind nach Kriegszerstörungen vereinfacht wiederaufgebaut worden. Die Ursprünge des Hofbräuhauses reichen bis auf die 1589 zur Versorgung des Hofes gegründete Brauerei im Alten Hof zurück. Ein öffentlicher Ausschank an dieser Stelle besteht seit 1830.

Ehemaliges **Zerwirkgewölbe** (Ledererstraße 3): Der vermutlich Ende des 13. Jh.s errichtete Bau ist mit seinen kreuzgratgewölbten Innenräumen neben dem Alten Hof das älteste profane Gebäude der Stadt. Es war ursprünglich wohl Teil des herzoglichen Falkenhauses. Der Name leitet sich von »zerwirken«, das heißt ›zerlegen, zubereiten‹ des bei der Jagd erlegten Wildes ab. Seit 2005 wird das Gebäude u. a. als Restaurant genutzt.

Ehemalige **Münze** (I E5): Das heute als Münze bekannte Ge-

Ehemalige Münze, Innenhof

bäude birgt im Inneren einen dreigeschossigen Arkadenhof, Münchens erstes Renaissancebauwerk, inspiriert von italienischen Palästen. Die niedrigen Proportionen der Säulen und Bogenöffnungen sowie die Detailformen, etwa die Kapitelle, zeigen jedoch, dass man das südliche Vorbild einheimischen Formtraditionen angepasst hat. Herzog Albrecht V. errichtete den Bau 1563–67 nicht als Münze, sondern als Marstall und Kunstkammer- und Bibliotheksgebäude. Das Erdgeschoss war für Pferde und Wagen, der erste Stock für Wohnungen der Bediensteten und Hofbeamten, das zweite Obergeschoss für die herzoglichen Sammlungen bestimmt. Sehr zum Kummer seiner Finanzleute hatte der Kurfürst in kurzer Zeit rund 6000 Gemälde, Skulpturen und andere Kunstobjekte, darunter auch exotische Kuriositäten und Naturfunde wie Skelette, zusammengekauft. Diese erste groß angelegte, ›gemischte‹ Kunst- und Wunderkammer bildete den Grundstock zu den späteren Münchner Museen. Albert hatte sich von der Sammelleidenschaft der Fürsten Italiens anstecken lassen. Dort zählte seit der Renaissance das Sammeln von Kunstwerken und anderen Kostbarkeiten zu den Statussymbolen der Oberschicht. Andreas Gärtner baute den Komplex 1809 zur staatlichen Münze um und versah ihn auf der Westseite mit einer neuen Hauptfassade. Seit 1986 befindet sich hier der Sitz des Bayerischen Landesamtes für Denkmalpflege.

Der **Max-Joseph-Platz** (I E5) wurde nach dem Abriss des mittelalterlichen Franziskanerklosters 1802/03 vor dem neuen Hof- und Nationaltheater nach Plänen Karl von Fischers und Leo von Klenzes angelegt. Wichtige Beiträge zur Platzgestaltung stellen neben dem Theater zwei Bauwerke von Leo von Klenze dar, die sich ganz eng an Bauten der Florentiner Renaissance anlehnen. Das ehemalige Palais Toerring-Jettenbach wurde 1836–39 zur **Hauptpost** (I E5) umgestaltet und erhielt eine Fassade mit Arkadenloggia nach dem Vorbild des Findelhauses von Filippo Brunelleschi; 2009–13 wurde es durch das prominente Architekturbüro Hilmer & Sattler und Albrecht zum Wohn-, Büro- und Geschäftshaus umgebaut. 1826 errichtete Klenze auf der Nordseite für Ludwig I. den **Königsbau**, um der Residenz eine stadtseitige Fassade zu verleihen (s. S. 59). Das **Max-Joseph-Denkmal** in der Platzmitte, von der Stadt München zu Ehren des ersten bayerischen Königs in Auftrag gegeben, kam zunächst nicht zur Ausführung, da sich Max I. Joseph als Bürgerkönig verstand und sich daher nicht als thronende Herrscherfigur mit Zepter und segnend erhobener Hand dargestellt sehen wollte. Erst nach seinem Tod, 1835, wurde das Denkmal (Architekturentwurf Leo von Klenze, Figuren vom Berliner Bildhauer Christian Daniel Rauch) auf Betreiben des Sohnes Ludwig I. aufgestellt. Die Reliefs thematisieren u. a. den Erlass der bayerischen Verfassung und die Förderung der Wissenschaften durch Max I. Joseph.

Der **Eilles-Hof** (I E5) ist das letzte erhaltene Beispiel des Altmünchner Haustyps der Spätgotik (um 1560) mit Innenhof, der von umlaufenden Arkaden eingefasst ist. Der Hof ist seit 1979 in ein umfangreiches modernes Passagensystem mit Geschäften eingebunden.

Das **Nationaltheater** (I E5) entstand 1811–18 nach einem Entwurf von Karl von Fischer, musste aber nach einem Brand schon 1823–25 von Leo von Klenze erneuert werden. Als öffentliches, auch für Bürger zugängliches Theater zur ›nationalen‹ Bildung nach dem Vorbild des Théâtre de l'Odéon in Paris ist der Bau nicht mehr wie die traditionellen Hoftheater in die Residenz integriert, sondern als selbständiger Baukörper auf den Platz ausgerichtet. Der dominante Säulenportikus mit Giebel ist ein vom antiken Tempel entlehntes Motiv, das in der Architektur des Klassizismus beliebt war. Der kreisrunde Zuschauerraum mit guter Sicht auf die Bühne, der damals zu den modernsten Europas zählte, besitzt zwar noch eine Königsloge, aber keine Ränge mit Logentrennwänden mehr. Nach schweren Kriegszerstörungen hat man den Außenbau und das klassizistische Foyer in Gold, Weiß und Blau sowie den Zuschauerraum in vergrößerter Form wiederaufgebaut. Mehrere Wagner-Opern wurden im Nationaltheater uraufgeführt, darunter *Tristan und Isolde* (1865) und *Walküre* (1870).

Ehemaliger **Marstall** (I E5): Im Rahmen eines ursprünglich umfangreicher geplanten Projektes zur Gestaltung des Areals östlich der Residenz errichtete Leo von Klenze 1817–1825 die ehemalige Hofreitschule, einer seiner frühen klassizistischen Bauten, in denen sich Formen der Antike und der Renaissance vermischen. Die Bauplastik von Martin von Wagner, etwa die Medaillons mit bronzenen Pferdekopfreliefs, spielen auf den Zweck des langgestreckten Baus als Reithalle an. Das Innere wurde nach der Zerstörung 1944 nicht rekonstruiert und dient seit 2001 als progressive Bühne (Theater im Marstall). Das Projekt, das Gebäude in einen Konzertsaal umzubauen, konnte nicht realisiert werden.

Maximilianstraße (I E/F5/6): Der nach der Brienner- und der Ludwigstraße dritte einheitlich geplante Prachtboulevard des 19. Jh.s in München wurde von König Max II. in Auftrag gegeben und sollte das Stadtzentrum mit den Vorstädten am östlichen Isarufer verbinden. Um sich vom Klassizismus seines Vaters Ludwig I. abzusetzen, verlangte der König, für die Straßenbebauung und das abschließende Maximilianeum (s. S. 149) einen neuen Baustil zu schaffen. Im 1850 ausgeschriebenen größten internationalen Architekturwettbewerb des 19. Jh.s forderte er von den Architekten, sich »… in voller Freiheit der verschiedenen Baustile und ihrer Ornamentik … [zu] bedienen, damit die zu erwählende Bauart keinem der bekannten Baustyle ausschließlich oder speziell angehöre … [aber dennoch] das Formprinzip der altdeutschen, sogenannten gothischen Architektur … nicht ganz aus den Augen zu lassen«. Obwohl nicht der Wettbewerbssieger, erhielt Friedrich Bürklein 1854 den Auftrag für die Gesamtplanung der Straße im »Maximilianstil«, der gemäß den Forderungen des Königs eine Synthese der Gotik mit anderen historischen Stilen sowie mit der technisch fortschrittlichen Skelettbauweise aus Gusseisen war. Der erste stadtnahe Abschnitt mit geschlossener Bebauung sollte anders als die Ludwigstraße ein urbanes, bürgernahes Zentrum mit Mietwohnungen, Geschäften, Cafés, Restaurants, Theater und einem Hotel werden – und ist es bis heute geblieben. Im Anschluss daran öffnet sich die Straße zu einem längsrechteckigen Platz – der Übergang zwischen beiden Straßenabschnitten ist wegen des Durchbruchs des Altstadtrings zerstört – mit großen, zurückgesetzten Einzelbauten und einer Grünanlage in der Mitte, die zu den Isarauen vermittelt.

Einen kulissenartigen Abschluss der langen Achse bildet das Gebäude des Maximilianeums am Hochufer jenseits der Isar.

♦ Die **Münchner Kammerspiele** (I E6) sind neben dem Stadttheater in Cottbus das einzige erhaltene Jugendstiltheater in Deutschland. Hinter den neogotischen Einheitsfassaden der Maximilianstraße ließ 1900/01 Carl Riemerschmid, Besitzer einer Likör- und Essigfabrik auf der Praterinsel, auf eigene Kosten das Privattheater erbauen. Dem Architekten Max Littmann stand der Bruder des Auftraggebers und Jugendstilkünstler Richard Riemerschmid zur Seite. Er schuf eine bis ins kleinste Detail ausgearbeitete Innenausstattung, die sich durch zurückhaltende pflanzliche Jugendstilornamentik und eine ausgeklügelte, zum Teil kräftige Farbigkeit auszeichnet. Im Foyer, in den Garderoben und im Zuschauerraum entstand mit Mörtelputz eine plastisch modellierte Wand- und Deckengliederung (z. T. gotischen Netzgewölben nachempfunden), in die auch die offen sichtbaren Glühlampen eingefügt sind. Der nur 727 Plätze fassende, muldenförmige Zuschauerraum mit feuerroten Wänden und grüner Decke entsprach den damaligen Forderungen nach einem engen Kontakt der Zuschauer zur Bühne, um den neuen dramatischen Darstellungsstil des Sprechtheaters umsetzen zu können.

Regierung von Oberbayern (I F5): Das 1856–64 von Friedrich Bürklein errichtete langgestreckte Gebäude, das durch Risalite und Türme rhythmisiert wird, gilt als gelungenstes Beispiel des neogotischen Maximilianstils. Stark betonte, vertikale Mauerstreifen gliedern die mit Terrakotta verkleidete Fassade in hochrechteckige Felder, die wie das Innere einer gotischen Kathedrale in spitzbogige Arkaden, kleine Bogengänge und Fensterzone aufgeteilt sind.

Das **Museum Fünf Kontinente** (früher **Staatliches Museum für Völkerkunde**; I F6), 1859–67 vom Architekten Eduard Riedel ursprünglich als Bayerisches Nationalmuseum erbaut, bildet das architektonische Pendant zu Bürkleins Regierung von Oberbayern gegenüber, ohne jedoch dessen Qualität der Proportionierung und der Schmuckformen zu erreichen – das stark von der englischen Gotik beeinflusste Bauwerk wurde daher von Anfang an kritisch beurteilt. Seit 1925 beherbergt das Gebäude das ethnografische Museum für außereuropäische Kunst und Kultur, das 1862 von König Max II. als eine der ersten Institutionen dieser Art gegründet worden war und sich von Anfang an auch der Forschung widmen sollte. Das Museum, heute eine der wichtigsten völkerkundlichen Sammlungen in Europa, besitzt neben Objekten aus Afrika, Mittel- und Südamerika sowie Ozeanien schwerpunktmäßig eine Sammlung aus Süd-, Südost- und Ostasien. Bemerkenswert ist die große Anzahl von Objekten von hohem künstlerischem Rang.

Auf dem zum Platz erweiterten Straßenabschnitt der Maximilianstraße stehen vier **Bronzestatuen** wichtiger Persönlichkeiten des Königreichs: Bernhard Graf von Deroy, General der bayerischen Armee; Graf Rumford, Berater von Kurfürst Karl Theodor und Sozialreformer Bayerns; Friedrich Wilhelm von Schelling, Philosoph und Lehrer von Max II. sowie der Physiker und Optiker Joseph von Fraunhofer. Näher zur Isar in einem kleinen Rondell erhebt sich das überlebensgroße **Maxmonument** (I F6), das 1875 von Kaspar von Zumbusch im Auftrag eines bürgerlichen Komitees geschaffene Standbild König Max' II. Der Monarch ist umgeben von vier Putten mit den Wappen Bayerns, Frankens, Schwabens und der Pfalz sowie von vier *Herrschertugenden*.

St. Lukas (I F6) wurde nach St. Matthäus und St. Markus 1893–96 als dritte protestantische Kirche Münchens erbaut. Die Finanzierung übernahmen wohlhabende Bürger des angrenzenden vornehmen Wohngebiets. Der Architekt Albert Schmidt, der auch die Hauptsynagoge der Stadt schuf, richtete den Zentralbau mit der 64 Meter hohen Kuppel und den schräg

St. Lukas

gestellten seitlichen Türmen urbanistisch wirkungsvoll auf das Isarufer aus. Das Innere legte er als zentralisierten Predigtraum mit Emporen an und folgte damit den damals diskutierten Grundsätzen des protestantischen Kirchenbaus. Stilistisch kombinierte er frei und damit in für den Historismus typischer Weise Formen der Romanik (Außenbau) mit solchen der rheinischen Frühgotik (Innenraum). Bis auf die Glasfenster hat sich die originale Ausstattung des 19. Jh.s erhalten.

Lehel, Klosterkirche St. Anna (I F5): Zum Dank für die Geburt des Thronfolgers Max III. Joseph stiftete das Kurfürstenpaar Karl Albrecht und Maria Amalia die Kirche für das neugegründete Hieronymiten-Kloster (1802 aufgelöst und 1827 durch Franziskaner ersetzt). Die erste Rokokokirche Bayerns entstand 1727–29 in Zusammenarbeit dreier Meister: Johann Michael Fischer entwarf den Bau, während Egid Quirin Asam und Johann Baptist Straub für die Altäre, Skulpturen und Stuckdekoration und Cosmas Damian Asam für die Altargemälde und die Gewölbefresken verantwortlich waren. Nach schweren Zerstörungen im Zweiten Weltkrieg wurde der Bau bis ins Detail nach alten Vorlagen und unter Verwendung weniger Originalstücke rekonstruiert, einschließlich der Fresken, die Karl Manninger nachmalte.

Mit diesem Frühwerk führte Fischer die Verschmelzung von Längs- und Zentralbau in die bayerische Kirchenbaukunst ein, ein Thema, das die Architekten später in immer neuen Varianten durchspielten. Die Bauidee war ein von unterschiedlichen Altarnischen umgebenes Oval, an das sich ein runder Chorraum anschließt. Anstelle der traditionellen geraden Mauern und durchlaufender Gebälke verwendete Fischer kurvig modellierte Wand- und Wölbflächen, die Räume voller Spannung und Bewegung erzeugen. Die Mauerzungen zwischen den Altarnischen sind mit Pilastern besetzt, die nur Gebälkstücke tragen. Die Übergangszone von den Nischen zur Flachkuppel bildet ein konkav-konvex geschwungener Stuckrahmen, der den Kuppelansatz verschleiert. Wie später in St. Michael in Berg am Laim schufen die beteiligten Künstler eine Einheit von Architektur und Ausstattung. Bedeutende originale Ausstattungsstücke und Meisterwerke des bayerischen Rokoko sind u. a. das Hochaltar-Tabernakel von Johann Baptist Straub und die seitlichen Stuckfiguren *Hl. Papst Pius V.* und *Hl. Augustinus* von Egid Quirin Asam sowie *Christus als Weltenrichter* auf dem Schalldeckel der Kanzel, ebenfalls von Straub; ferner an den beiden vorderen Seitenaltären die Altarbilder von Cosmas Damian Asam. Das rekonstruierte Deckenfresko zeigt in typisch illusionistischer Untersicht die *Himmelfahrt der hl. Anna.*

Lehel, Pfarrkirche St. Anna (I F5): Da die alte Klosterkirche St. Anna wegen der zunehmenden Bevölkerung im 19. Jh. nicht mehr ausreichte, wurde 1885 ein Wettbewerb für eine neue Pfarrkirche ausgeschrieben. Der Preisträger Gabriel von Seidl errichtete 1887–92 einen bedeutenden historistischen Bau im Stil der rheinischen Spätromanik. Der verschachtelt wirkende Außenbau mit imposantem Westturm, achteckigem Vierungsturm und rundem, gestuftem Chorabschluss entsprach der Forderung nach einem »abwechslungsreiche[n] und stets malerische[n] Bild«. Im Innenraum hat sich die ursprüngliche Ausstattung teilweise erhalten, die in Zusammenarbeit des Architekten mit den Münchner Malern Rudolf von Seitz, Martin Feuerstein und Karl Johann Becker-Gundahl sowie dem Bildhauer Anton Pruska u. a. entstanden ist und St. Anna zu einem bedeutenden Gesamtkunstwerk des späten 19. und frühen 20 Jh.s macht. Über dem Westportal ist die thematisch ungewöhnliche Darstellung *Apokalyptischer Christus* von Ferdinand von Miller aus dem Jahre 1911 sehenswert.

Sammlung Schack (I G5): Der repräsentative, 1907–09 nach einem Entwurf von Max Littmann erbaute Stadtpalast mit kolossalem Säulenportikus vereinigte ursprünglich zwei Funktionen: Sitz der Preußischen Gesandtschaft und Museum für die Gemäldesammlung des Grafen Adolf Friedrich von Schack, Diplomat und Kunstkenner, der seit 1855 in München lebte und hier eine der größten Privatsammlungen seiner Zeit zusammengetragen hatte. Der Auftraggeber des Bauwerks war für München ungewöhnlich: Kaiser Wilhelm II., der die Gemälde 1894 vom preußischen Staatsbürger Schack geerbt hatte und der Stadt zum Geschenk machte. Schacks sammlerisches Interesse galt damals zeitgenössischen Malern wie Arnold Böcklin, Anselm Feuerbach, Moritz von Schwind, Carl Spitzweg, Hans von Marées, Franz von Lenbach u. a.

Bayerisches Nationalmuseum (I F/G5): Die kunst- und kulturhistorische Sammlung von internationalem Rang geht auf eine Gründung von König Max II. zurück. Nach den bedeutenden Museen für europäische Malerei und antike Skulptur seines Vaters Ludwig I. wollte Max II. eine »Anstalt zur Aufbewahrung der interessantesten vaterländischen Denkmäler und sonstigen Überreste vergangener Zeiten« einrichten, die zeitgenössischen Künstlern als Anregung für die eigene Arbeit dienten. Der erste Museumsbau (1859–67) an der Maximilianstraße (später Völkerkundemuseum, heute Museum Fünf Kontinente) erwies sich bald als zu klein. Daraufhin entstand 1894–1900 unter dem Prinzregenten Luitpold an der gerade neu angelegten Prinzregentenstraße ein Neubau nach dem Entwurf von Gabriel von Seidl. Der prominente Münchner Architekt schuf einen der originellsten Museumsbauten seiner Zeit, der dem erzieherischen Auftrag der Institution in besonderem Maß gerecht wurde: Die aus mehreren Baukörpern malerisch gruppierte Anlage führt nicht nur am Außenbau die historischen Baustile von der Romanik bis zum Rokoko vor Augen, auch die Innenräume wurden stilistisch jeweils den ausgestellten Objekten angepasst, um diese in ihrer ›ursprünglichen‹ Umgebung zeigen zu können. Trotz Beschädigungen im Zweiten Weltkrieg und späteren Modernisierungen ist das ursprüngliche Konzept Seidls im Wesentlichen erhalten geblieben. 1937 erhielt das Museum einen Erweiterungsbau an der Südostecke. Sammlungsschwerpunkte sind Skulpturen und Plastik, vorwiegend aus dem süddeutschen Raum, sowie Kunstgewerbe vom Mittelalter bis ins frühe 20. Jh., darunter Porzellan und Keramik, Gold- und Silberschmiedearbeiten, Elfenbeinschnitzereien, Glasmalerei, Uhren und Messgeräte, Textilien, Waffen und Rüstungen. Sehenswert ist auch die berühmte Krippensammlung.

Haus der Kunst (I F4): 1933 erhielt der Architekt Ludwig Paul Troost von Adolf Hitler den Auftrag zum Neubau eines Ausstellungsgebäudes, des »Hauses der deutschen Kunst«, als

Ersatz für den abgebrannten Glaspalast im Alten Botanischen Garten. Das von der Großindustrie finanzierte Bauwerk wurde 1937 mit der »Großen deutschen Kunstausstellung« eröffnet, die deutlich machte, dass auch die Kunst von der nationalsozialistischen Ideologie vereinnahmt wurde. Troosts langgestreckter Baukörper mit vorgelagertem Säulenportikus knüpft zwar an Schinkels Altes Museum in Berlin an, aber dessen Klassizismus ist auf einfache, schwere und fast abstrakte Formen, völlig ohne Dekor und in teilweise unausgewogenen Proportionen reduziert. Im gut erhaltenen Inneren, das heute für Ausstellungen moderner und zeitgenössischer Kunst genutzt wird, entfalten sich symmetrisch zu beiden Seiten einer monumentalen, durch Pfeiler in drei Schiffe geteilten Halle (ehemals »Ehrenhalle«) die Ausstellungsräume. Zusammen mit den NSDAP-Bauten am Königsplatz wurde das Haus der Kunst zum Vorbild für nationalsozialistische Staats- und Parteibauten in ganz Deutschland.

Prinz-Carl-Palais (I E4): Der einzige gut erhaltene Bau des Architekten Karl von Fischer ist ein bedeutendes Beispiel früher klassizistischer Architektur Münchens. Die Vorstadtvilla ließ sich 1804–06 der Abbé und kurfürstliche Minister Pierre de Salabert erbauen, der heutige Name geht auf den späteren Bewohner, den Bruder von König Ludwig I., Prinz Carl, zurück. Die ursprüngliche Einbettung des Baus in einen kleinen, auf den Resten der Bastion der ehemaligen Stadtmauer angelegten Park (heute Finanzgarten), der nahtlos vom Hofgarten zum Englischen Garten überleitete, ist durch die Anlage des Altstadtrings und des Straßentunnels zerstört. 1937 wurde auf der Rückseite ein stilistisch angepasster Anbau, der 1971 verändert wurde, hinzugefügt. Der geschlossene, zweigeschossige Baukörper mit kolossaler Pilasterordnung weist an der zur Prinzregentenstraße gewendeten Hauptfront einen zentralen Säulenportikus mit Dreiecksgiebel auf. Dieses antiken Tempeln nachempfundene Motiv war in der Architektur des Klassizismus sehr beliebt, geht aber schon auf die Villenbauten von Andrea Palladio (16. Jh.) zurück, die in ganz Europa und in Amerika eine breite Nachfolge fanden. Da das Gebäude heute als Amtssitz des Bayerischen Ministerpräsidenten dient, ist die erhaltene klassizistische Raumausstattung des Inneren nicht zu besichtigen.

Englischer Garten (II F/G 1–4): Anstelle des kurfürstlichen ◆ Jagdreviers in den Isarauen außerhalb der damaligen Stadt entstand ab 1789 auf Anregung des Amerikaners Sir Benjamin Thompson, später Graf Rumford und bayerischer Kriegsminister, im Geist der Aufklärung ein Militärgarten zur landwirtschaftlichen Schulung der Soldaten sowie zur Erholung der städtischen Bevölkerung. Unter Leitung Rumfords und ab 1797 unter General Reinhard Freiherr von Werneck legte der von Kurfürst Karl Theodor nach München berufene Gartenarchitekt Ludwig von Sckell nach dem Vorbild englischer Landschaftgärten den ersten Volksgarten auf dem europäischen Kontinent an: Anders als in den geometrisch geordneten Barockanlagen mit beschnittenen Bäumen und Büschen wurden die landschaftlichen Gegebenheiten bewahrt und der Anschein organisch gewachsener Natur erweckt. Leicht gewellte Wiesen, Baum- und Buschgruppen, verschlungene Wege und Bachläufe bieten immer wieder neue Ansichten. Freiherr von Werneck löste den Militärgarten auf und ließ den Kleinhesseloher See anlegen. Nachdem Sckell 1804 die alleinige Oberleitung über den Garten erhalten hatte, gestaltete er das Gelände noch einmal zur heutigen weiträumigen Form um und erweiterte es nach Norden um die Hirschau. Die fünf Kilometer lange Grünfläche ist heute eine der größten städtischen Parkanlagen Europas (größer als der Central Park in New York). Wie für englische Landschaftsgärten des 19. Jh.s üblich, sind in die ›künstliche‹ Natur verschiedene Gebäude und Denkmäler eingefügt. Die wichtigsten sind: der 1790 nach dem Vorbild der Great Pagoda in Kew Gardens in London angelegte Chinesische Turm, 1944 zerstört und 1951 vereinfacht wiederaufgebaut; das 1791 als Offizierskasino angelegte sogenannte Rumfordhaus mit klassizistischem, von den Villen Palladios angeregtem Säulenportikus; die Denkmäler für Rumford, Werneck und Sckell; der 1832–37 von Leo von Klenze auf einem künstlichen Hügel aus dem Schutt der ehemaligen Festungswälle erbaute offene Rundtempel, der Monopteros. Seine farbige Bemalung von Details verrät Klenzes Auseinandersetzung mit der Frage der Polychromie antiker griechischer Architektur. Das Japanische Teehaus stiftete Japan anlässlich der Olympischen Spiele 1972.

Die nördlichen Stadtviertel und Schleißheim

Wittelsbacher Platz mit Denkmal Maximilians I.

Briennerstraße / Wittelsbacher Platz (II C–E 4–5): Die erste der vier großen, außerhalb der mittelalterlichen Stadtmauern geplanten Straßenanlagen des 19. Jh.s sollte das neue Viertel der Maxvorstadt erschließen, für die Ludwig von Sckell, der Schöpfer des Englischen Gartens, 1808 den *Generalplan* erstellt hatte. Die geschlossene klassizistische Bebauung nahe dem Odeonsplatz geht auf die zweite Phase 1819–25 unter dem Architekten Leo von Klenze zurück. In dieser Zeit entstand auch der auf die Briennerstraße geöffnete Wittelsbacher Platz, der als bedeutendes Beispiel klassizistischer Stadtbaukunst gilt. Der Platz wird von einheitlich gestalteten Palästen des 19. Jh.s eingefasst, darunter das Palais Arco-Zinneberg (1824/25) und das Palais Ludwig Ferdinand (1825/26; heute Firmenzentrale von Siemens), beide nach Entwürfen von Leo von Klenze. Die Platzmitte beherrscht das Reiterdenkmal für Kurfürst Maximilian I., ein hochrangiges Werk klassizistischer Bildhauerkunst. Es wurde nach einem Entwurf des prominenten Bildhauers Berthel Thorwaldsen von Johann Baptist Stiglmaier in Bronze gegossen.

Palais Almeida (I D5): Die Gliederung des ehemaligen Palais Bayrsdorf, 1823/24 von Jean Baptiste Métivier erbaut, erinnert wegen des pilastergeschmückten Mittelrisalits mit Giebel noch an barocke Fassaden, aber die Formen sind klassizistisch beruhigt.

Das **Hofgartentor** und das **Bazargebäude** (II E5) schließen den Odeonsplatz nach Westen zum Hofgarten ab. Das Hofgartentor, 1816 als erstes Werk von Leo von Klenze erbaut, orientiert sich an antiken römischen Triumphbögen. Der Bildhauer Franz Jakob Schwanthaler bekrönte das Tor mit vier antikisierenden Trophäen. Das Bazargebäude, 1824–26 von Leo von Klenze und Ulrich Himbsel anstelle des Turnierhauses aus dem 17. Jh. errichtet, trägt seinen Namen nach den hier untergebrachten Geschäften. Den langgestreckten, schlichten Bau gliedern ein Mittel- und zwei Seitenpavillons. Das Café Tambosi, Münchens ältestes Kaffeehaus (von 1827), ist noch immer im Stil des 19. Jh.s eingerichtet.

Das symmetrisch angelegte, leicht zurückgesetzte Ensemble des **Palais Leuchtenberg** und des **Odeon** (II E4–5) bestimmen das Erscheinungsbild des nördlichen Teils des Odeonsplatzes, der hier in die Ludwigstraße übergeht (s. S. 101). Das Palais Leuchtenberg entstand 1816–21 im Auftrag von Eugène de Beauharnais, einem Stiefsohn Napoleons und als Schwiegersohn des bayerischen Königs Max I. Joseph seit 1816 Herzog von Leuchtenberg. Der Architekt Leo von Klenze schuf den kubischen, dreigeschossigen Baublock, der nur durch gerahmte Fensteröffnungen gegliedert wird, nach dem Renaissancevorbild des Palazzo Farnese in Rom. Klenzes bedeutendes Werk des Münchner Klassizismus diente als Muster für seine Bauten an der Ludwigstraße. Das gegenüberliegende Odeon errichtete Klenze 1826–28 als Konzerthaus und Musikhochschule. Auf Wunsch von König Ludwig I. erhielt der Bau dieselben Fassaden wie das Palais Leuchtenberg. Der antiken Vorbildern nachempfundene Konzertsaal – daher der Name Odeon –, der berühmt war für seine Akustik, spielte bis zur Zerstörung im Zweiten Weltkrieg eine wichtige Rolle im Münchner Musikleben. Beim Wiederaufbau als Sitz des bayerischen Finanzministeriums wurde der Konzertsaal zum Innenhof umgestaltet. In der Achse zwischen Palais Leuchtenberg und Odeon steht nahe an die Ludwigstraße gerückt das **Reiterdenkmal für König Ludwig I.** von Max von Widnmann (1862). Das Motiv des Reiters, der von zwei Pagen begleitet wird, ist von der mittelalterlichen Skulptur des *Magdeburger Reiters* angeregt. Hinter dem Denkmal fällt der Blick auf die Seitenfassade des ehemaligen Palais Ludwig Ferdinand.

Die **Ludwigstraße** (II E3–5), eine der bedeutendsten städtebaulichen Leistungen des 19. Jh.s, war nach der Briennerstraße die zweite große, planmäßig angelegte Straßenachse der nördlichen Stadterweiterung nach der Niederlegung der mittelalterlichen Befestigungsanlagen. Die klassizistische Prachtstraße auf der begradigten Trasse des alten Fürstenwegs von der Residenz zum Schloss Schleißheim war das aufwendigste und zugleich liebste Bauprojekt des Kronprinzen und späteren Königs Ludwig I., nach dem die Straße ihren Namen trägt. Hier sollte sich Münchens Aufstieg zur Hauptstadt des Königreichs Bayern zeigen. Gemäß dem Willen Ludwigs entwickelte der für den Gesamtplan verantwortliche Architekt Leo von Klenze 1816 eine palastartige Wohnbebauung nach Art einer historisch gewachsenen italienischen Stadt der Renaissance, erkennbar an den Gebäuden auf der linken Seite vom Odeonsplatz bis

Ludwigstraße (Stich von Ernst Rauch, 1845)

zur Theresienstraße. Aber bereits der **Haslauerblock** (II E4; Nr. 6–10) entstand durch eine Zusammenfassung dreier Privathäuser zu einem monumentalen Baublock (nach dem Krieg rekonstruiert). Als Ludwig mangels privater Bauherren, die hier einen Palast bauen wollten, die Straße mit prunkvollen Staatsbauten fortführen wollte, gab Klenze zu bedenken, »München sey nicht Rom« – ohne Erfolg. 1827 wurde er durch seinen Rivalen Friedrich von Gärtner abgelöst, der, auch nicht immer glücklich über die Vorstellungen seines königlichen Auftraggebers, die Bauten für verschiedene Institutionen bis zum Siegestor errichtete. Gärtner stellte dem klassizistischen Straßenbild Klenzes eine der mittelalterlichen Architektur Italiens nachempfundene Bebauung im sogenannten »Rundbogenstil« entgegen, der gleichwohl die gewünschte Einheitlichkeit der Straßenanlage bewahrt. In der Zeit des Nationalsozialismus erlitt die Bebauung des 19. Jh.s von Klenze und Gärtner einige markante Veränderungen durch die neuen Großbauten des Zentralministerialgebäudes (heute Bayerisches Staatsministerium für Ernährung, Landwirtschaft und Forsten; Nr. 2) sowie der Reichsbank (heute Deutsche Bundesbank; Nr. 13). Architektonisch knüpfen beide Bauten an den Stil des 19. Jh.s an.

Das ehemalige **Kriegsministerium** (heute Bayerisches Staatsarchiv; Nr. 14; II E4), 1827–30 errichtet, war Klenzes letzter Bau an der Ludwigstraße. Der Forderung nach einheitlicher Wirkung der Straße begegnete er durch die Akzentuierung des langen Baukörpers mit einem leicht vorspringenden, erhöhten Mittelteil mit Pfeilerarkaden im Erdgeschoss. Bemerkenswert sind deren ›martialische‹ Bossierung und die Trophäenreliefs, die auf die Funktion des Baus anspielen. Zur Schönfeldstraße schließt sich das ehemalige Wohngebäude des Kriegministers an.

Die **Staatsbibliothek** (II E4) war der erste, von Friedrich von Gärtner errichtete Großbau im »Rundbogenstil« an der Ludwigstraße. Gemäß dem Wunsch von König Ludwig I. verzichtete der Architekt auf jegliche plastische Gliederung und entwarf einen 155 Meter langen, für die Zeit erstaunlich sachlich wirkenden Baublock, der nur durch die Rustika im Erdgeschoss, Horizontalgesimse zur Geschosstrennung und endlos gereihte Rundfenster gegliedert wird – »eine langweilige Bücherkaserne«, wie Gärtner schimpfte. Die Skulpturen vor dem dreibogigen Eingang nach Entwürfen des Bildhauers Ludwig von Schwanthaler sind Allegorien: Thukydides steht für Geschichtsschreibung, Homer für Dichtung, Aristoteles für Philosophie und Hippokrates für Medizin (Kopien). Auch eine funktionsgerechte Innenaufteilung nach den Vorschlägen der Bibliothekare wurde dem vom König geforderten, repräsentativen Treppenhaus geopfert. Und wegen der hohen Kosten für die Treppe fehlte am Schluss das Geld für die Bücherregale.

Nach dem vereinfachten Wiederaufbau nach Kriegszerstörungen ist im Inneren vor allem das große Treppenhaus sehenswert. Die auf die Hofbibliothek Herzog Albrechts V. im 16. Jh. in der Residenz zurückgehende, im 19. Jh. durch die Bestände der aufgelösten Klöster ergänzte und bis heute durch stetige Ankäufe erweiterte Bayerische Staatsbibliothek gehört zu den bedeutendsten Bibliotheken der Welt, in der neben zehn Millionen Büchern auch kostbare Handschriften, frühe Werke der Buchdruckerkunst, Noten, Karten, Atlanten und Zeitungen aufbewahrt werden.

Das 1833–37 erbaute ehemalige **Blindeninstitut** und das 1835–39 erbaute ehemalige **Damenstift** (II E4), breitgelagerte, schlichte Bauten mit Rundbogenfenstern und betonten Ecken, entfalten ihre Wirkung weniger als Einzelbauten als vielmehr im Rahmen des Straßenensembles.

St. Ludwig (II E4), 1829–44 mit Unterstützung König Ludwigs I. als Pfarr- und Universitätskirche nach Entwürfen Friedrich von Gärtners erbaut, setzt mit der markanten Doppelturmfassade einen vertikalen Akzent in der stark horizontal angelegten Bebauung der Ludwigstraße. Die weit auseinandergerückten Türme sind auf Schrägansicht angelegt und antworten auf die Theatinerkirche. Arkadengänge zu beiden Seiten der Kirche vermitteln zum Pfarr- bzw. ehemaligen Wohnhaus Gärtners. Das Innere der kreuzförmigen Basilika überrascht mit räumlicher Weite und mit Gemälden des Nazarenermalers Peter von Cornelius und seiner Schüler (1836–39) an den Wänden und Gewölben. Höhepunkt dieser Ausstattung ist das *Jüngste Gericht*, das auf der absichtlich flach gelassenen Chorwand das bisher übliche Hochaltarbild ersetzt. Dieses größte Wandfresko der Welt schuf Cornelius in Auseinandersetzung mit Michelangelos *Jüngstem Gericht* in der Sixtinischen Kapelle in Rom. Die Wiederbelebung der monumentalen Freskomalerei im Stil der italienischen Renaissance war dem Maler und seinem Auftraggeber König Ludwig I. ein wichtiges Anliegen. Wegen der ablehnenden Haltung der Bevölkerung gegenüber der Darstellung, die Glaubenssätze beider Konfessionen in allgemein gültiger Form zu veranschaulichen suchte, kam es zum Zerwürfnis zwischen Cornelius und Ludwig I. Der Maler ging enttäuscht nach Berlin.

Ehemalige **Salinendirektion** (II E3): Den ersten repräsentativen Verwaltungsbau Bayerns gestaltete Friedrich von Gärtner 1838–43 als kompakten Baublock mit fast fugenlos versetzter, zweifarbiger Ziegeloberfläche und Rundbogenfenstern. Ähnlich der Staatsbibliothek sind die Architekturformen für die Zeit ungewöhnlich reduziert. Der Einfluss der Backsteinbauten von Karl Friedrich Schinkel wie der Bauakademie in Berlin ist unverkennbar.

Ludwig-Maximilians-Universität (II E3): Das nördliche Ende der Ludwigsstraße weitet sich zu einem repräsentativen Rechteckplatz mit einheitlicher Umbauung. Auf der Westseite entstand 1835–40 nach Plänen Friedrich von Gärtners die Dreiflügelanlage der Universität, die König Ludwig 1826 von Landshut nach München verlegt hatte. Hauptgliederungsmotive der langen verputzten Fassaden mit Hausteinbemalung sind die Eingangsarkaden und die je nach Geschoss unterschiedlich großen Rundbogenfenster, die nach Art gotischer Biforien zweigeteilt sind. 1906–09 führte der Architekt German Bestelmeyer den Erweiterungsbau an der Adalbert-/Amalienstraße aus. Der Lichthof, eine überkuppelte Halle von antiker römischer Monumentalität, war 1943 Schauplatz der Flugblattaktion der Widerstandgruppe »Weiße Rose« gegen das nationalsozialistische Regime.

Auf der gegenüberliegenden Seite der Ludwigstraße wurden 1838–41 beziehungsweise 1854 die eng an die Architektur der Universität angelehnten Bauten des Priesterseminars **Georgianum** und des **Max-Joseph-Stifts** für adelige Mädchen (heute Universität) errichtet. Die Mitte des Platzes akzentuieren zwei große Schalenbrunnen nach dem Vorbild der Brunnen von Gian Lorenzo Bernini auf dem Petersplatz in Rom.

Das **Siegestor** (II E3) bildet den nördlichen Abschluss der Ludwigstraße und gehört wie die Feldherrnhalle am südlichen Ende der Straße in die Reihe der ›Architekturkopien‹, die Ludwig I. in Auftrag gab. 1843–57 als Monument für die Erfolge des bayerischen Heeres in den Freiheitskriegen von 1813–15 gegen Napoleon entstanden, lehnt sich der Torbau gemäß dem Wunsch des Königs eng an den antiken Triumphbogen für Kaiser Konstantin in Rom an, ohne das Vorbild exakt zu kopieren. Für den Skulpturenschmuck – die bekrönende *Bavaria mit Löwenquadriga*, die Reliefs mit Schlachtenszenen, die *Viktorien* über den Säulen und die Allegorien der bayerischen Regierungsbezirke in den Medaillons – war Martin von Wagner verantwortlich, der Antikenkenner und Kunstagent Ludwigs in Rom. Die handwerkliche Qualität der Steinmetzarbeiten und der fugenlosen Verkleidung mit Kelheimer Kalksteinblöcken ist beachtlich. Die Zerstörung von 1944 hat man beim Wiederaufbau sichtbar gelassen, indem man auf der stadtseitigen Front die architektonische Gliederung nicht rekonstruiert und nur die glatte Wand errichtet hat. Durch die neue Inschrift zur Ludwigstraße hin – »Dem Sieg geweiht, vom Krieg zerstört, zum Frieden mahnend« – ist das Siegestor zum Mahnmal des Krieges geworden.

Akademie der Bildenden Künste (II E3): 1876–85 errichtete der Architekturprofessor der Technischen Hochschule Gottfried von Neureuther das pompöse, fast schlossartige Gebäude für die 1808 gegründete Akademie der Bildenden Künste. Staatliche Akademien zur Ausbildung von Künstlern nach feststehenden stilistischen Kriterien waren eine im 19. Jh. beliebte Einrichtung. Die Münchner Hochschule, die viel zum Ruhm Münchens als Kunststadt beigetragen hat, genoss im

19. Jh. einen international einzigartigen Ruf. Aus ihr gingen Künstler wie Franz von Lenbach und später Wassily Kandinsky, Paul Klee und Franz Marc hervor. Das langgestreckte Gebäude mit akzentuiertem Mittelpavillon und kurzen Seitenflügeln besitzt eine Fassade im Stil der italienisch beeinflussten Neorenaissance. Nach den Zerstörungen des Zweiten Weltkriegs wurde es vereinfacht wiederaufgebaut. Den 1992 international ausgeschriebenen Wettbewerb für einen Erweiterungsbau gewann das Wiener Büro Coop Himmelb(l)au, die 2002–05 einen Baukörper im Stil des Dekonstruktivismus schufen: Schräg gestellte Glaswände und Säulen sowie weit überstehende Kuben scheinen die architektonischen Regeln des Tragens und Lastens zu missachten.

Kunstareal (II C–D 3–4): Unter dieser Bezeichnung werden Münchens weltberühmte Museen der Maxvorstadt zusammengefasst, die einen Überblick über die Entwicklung der Kunst vom Alten Ägypten, dem antiken Griechenland und dem antiken Rom über das Mittelalter und die Frühe Neuzeit bis in die Moderne und die Gegenwart ermöglichen.

Die **Alte Pinakothek** (II D4) ist eine Gründung König Ludwigs I. und gehört heute weltweit zu den führenden Gemäldegalerien Alter Meister. Der Ursprung geht auf die Privatsammlung der Wittelsbacher zurück. Seit dem 16. Jh. hatten die bayerischen Kurfürsten, wie es sich für Herrscher gehörte, eine Kunstsammlung zusammengetragen und durch Ankäufe und spätere Erbschaften von den Verwandten in Mannheim, Zweibrücken und Düsseldorf stetig erweitert. Ende des 18. Jh.s galt der Wittelsbachsche Kunstschatz als einer der wichtigsten in Europa. Damals ließ Kurfürst Karl Theodor, angeregt von den Ideen der Aufklärung, Kunst als allgemeines Bildungsgut zu betrachten und daher der Bevölkerung zugänglich zu machen, am Hofgarten die erste öffentliche Gemäldegalerie einrichten. Nachdem Anfang des 19. Jh.s der begeisterte Sammler Kronprinz Ludwig, später König Ludwig I., die Bestände u. a. durch zahlreiche Ankäufe hochkarätiger Werke italienischer Maler, allen voran Raffael, bereichert hatte, wurde ein größerer Museumsneubau notwendig. Im Auftrag Ludwigs errichtete der Architekt Leo von Klenze 1826–36 auf dem freien Gelände in der neuen Maxvorstadt, wo das Museum besser als in der Stadt vor Brandgefahr geschützt war, die Pinakothek (griech. *pinakes*, ›Gemälde‹) im Stil der italienischen Neorenaissance. In Zusammenarbeit mit dem Galeriedirektor und Maler Georg von Dillis entwickelte Klenze ein neues Bau- und Ausstellungskonzept, das schulbildend für viele Museen des 19. Jh.s wurde: ein langgestrecktes, von der Schmalseite zugängliches Gebäude mit einer Abfolge großer, durch Oberlicht beleuchteter Säle für großformatige Gemälde, begleitet von Kabinetten für kleine Werke, die über Fenster auf der Nordseite gleichmäßig belichtet wurden. Alle Gemälde waren systematisch nach ›Schulen‹ geordnet präsentiert. 1943–44 wurde das Bauwerk schwer zerstört, vor allem die mit einem kunstgeschichtlichen Lehrprogramm von Peter von Cornelius ausgemalten Loggien auf der Südseite. Beim Wiederaufbau hat der verantwortliche Architekt Hans Döllgast am Außenbau den Bombentrichter durch Verzicht auf Gliederungselemente sichtbar gelassen, den Eingang von der Schmal- an die nördliche Langseite verlegt, die Innendisposition verändert und anstelle der Loggien zwei beeindruckende Schachttreppen angelegt. Seit 2005 ist der alte Zugang Klenzes an der Barerstraße wieder als Nebeneingang zu Ausstellungen geöffnet. 2014–18 wird die Pinakothek einer Generalsanierung unterzogen, was die umschichtige Schließung einzelner Abteilungen mit sich bringt. Die Bestände umfassen alle wichtigen Strömungen der europäischen Malerei vom 14.–18. Jh., insbesondere Werke altdeutscher, flämischer, niederländischer und italienischer, aber auch spanischer und französischer Meister. Höhepunkte sind: Gemälde von Al-

Albrecht Dürer, *Selbstporträt im Pelzrock*; Alte Pinakothek

brecht Dürer (u. a. *Selbstporträt*, *Vier Apostel*), *Kirchenväteraltar* von Michael Pacher, *Alexanderschlacht* von Albrecht Altdorfer, *Dreikönigsaltar* von Rogier van der Weyden, *Flucht nach Ägypten* von Adam Elsheimer, *Schlaraffenland* von Pieter Brueghel d. Ä., die weltweit größte Sammlung von Gemälden von Peter Paul Rubens (u. a. *Rubens und Isabella Brant in der Geißblattlaube*, *Großes Jüngstes Gericht*), Zyklus *Passion Christi* von Rembrandt, *Letztes Abendmahl* von Giotto, *Hl. Familie Canigiani* und *Madonna Tempi* von Raffael, *Madonna mit Kind* von Leonardo da Vinci, *Dornenkrönung* und *Kaiser Karl V.* von Tizian und *Madame Pompadour* von François Boucher.

Die **Neue Pinakothek** (II D3), nach Glyptothek und Alter Pinakothek die dritte Museumsgründung Ludwigs I., wurde 1846–54 als Sammlung deutscher Malerei des 19. Jh.s erbaut. Nach Kriegszerstörung wurde das Gebäude durch einen Neubau im postmodernen Stil des Architekten Alexander von Branca ersetzt. Seit der Entstehung des Museums ist der Bestand stetig erweitert worden, sodass sich der Besucher einen vollständigen Überblick über die Malerei des 19. Jh.s in Europa verschaffen kann. Vertreten sind u. a.: »Münchner Schule«, Joseph Anton Koch, Friedrich Overbeck, Arnold Böcklin, Anselm Feuerbach, Hans von Marées, Caspar David Friedrich, Carl Rottmann, Edouard Manet, französische Impressionisten, Francisco Goya, William Turner, Vincent van Gogh und Thomas Gainsborough.

♦ In der **Pinakothek der Moderne** (II D4) sind die Sammlung Moderne Kunst und Die Neue Sammlung / The Design Museum vereint. Der größte deutsche Museumsbau für moderne Kunst, den zum Teil private Spender der Stiftung Pinakothek der Moderne finanziert haben, wurde 1996–2002 nach einem Entwurf des Münchner Architekten Stephan Braunfels errichtet. Der helle Sichtbetonbau kann wie das Kunstmuseum in Bonn von zwei Seiten – von der Innenstadt oder von den beiden älteren Pinakotheken – betreten werden, die durch eine Diagonalachse miteinander verbunden sind. Das Zentrum dieser Achse wie des gesamten Gebäudes bildet eine große, lichtdurchflutete, dreigeschossige Rotunde, von der über trapezförmige Treppen die einzelnen Museumsbereiche auf den verschiedenen Ebenen erschlossen werden. Durch die offene Struktur der Architektur kommunizieren die einheitlich weiß verputzten Innenräume miteinander, es ergeben sich immer wieder überraschende Durchblicke. Der geplante zweite Bauabschnitt entlang der Türken- und Gabelsbergerstraße für die Staatliche Graphische Sammlung München wurde nicht mehr realisiert. Die **Sammlung Moderne Kunst**, die ursprünglich Teil der Neuen Pinakothek und später an verschiedenen Standorten ausgestellt war, zählt, auch dank großzügiger Stiftungen, zu den bedeutendsten Museen für Gemälde, Skulpturen, Objekte, Neue Medien, Fotografie und Video der klassischen Moderne und der Gegenwartskunst. Alle wichtigen Strömungen des 20. Jh.s – Fauvismus, Kubismus, Expressionismus, Futurismus, Neue Sachlichkeit, Bauhaus, Surrealismus, Abstrakter Expressionismus, Pop Art und Minimal Art – sind mit Werken berühmter Künstler vertreten. Besondere Schwerpunkte bilden die europaweit größte Sammlung von Arbeiten von Max Beckmann sowie die Werke von Pablo Picasso, außerdem von Ernst Ludwig Kirchner, Wassily Kandinsky, Paul Klee, Franz Marc, August Macke, Emil Nolde und René Magritte. Aus dem Bereich der Gegenwartskunst sind u. a. Werke von Andy Warhol, Cy Twombly, Willem de Kooning, Lucio Fontana, Francis Bacon, Henry Moore, Marino Marini, Joseph Beuys, Georg Baselitz, Gerhard Richter und Anselm Kiefer, Dan Flavin und Tadeusz Kantor zu sehen. **Die Neue Sammlung / The Design Museum**, deren Ursprünge bis 1925 zurückreichen, ist das älteste Designmuseum der Welt und zählt heute zu den international führenden Einrichtungen dieser Art. Sie besitzt die weltweit größte Sammlung von Industriedesign, also von seriell produzierten Gegenständen des alltäglichen Gebrauchs. Anhand von teilweise ungewöhnlich präsentierten Objekten aus den Bereichen Alltagsgegenstände, Fahrzeugdesign, Schmuck, Computer Culture, Möbel (darunter die bedeutende Thonet-Sammlung von Bugholzmöbeln), technische Gebrauchsgegenstände u. a. kann hier die Entwicklung des Designs von den Anfängen um 1900 bis in die Gegenwart studiert werden. Außerdem zeigen das **Architekturmuseum der TU München**, ursprünglich als Lehrsammlung für die Architektenausbildung entstanden und heute die größte Sammlung von Architekturzeichnungen vom 16. bis ins 21. Jh. in Deutschland, hier Wechselausstellungen, ebenso die **Staatliche Graphische Sammlung München**, die auf das Kupferstich- und Zeichnungskabinett von 1758 des Kurfürsten Karl Theodor in Mannheim zurückgeht und neben den Museen in Berlin und in Dresden die bedeutendste Sammlung von Zeichnungen und Druckgrafik vom 15. bis ins 21. Jh. in Deutschland ist.

Sammlung Brandhorst (II D4): Das Museum wurde 2005–09 trotz vielfacher Kritik erbaut, nachdem Anette und Udo Brandhorst aus Köln ihre private Sammlung von Kunst des 20. und 21. Jh.s dem Freistaat Bayern gestiftet hatten. Im europaweit ausgeschriebenen Architekturwettbewerb setzte sich der Entwurf des Berliner Büros Sauerbruch Hutton schließlich gegen den exzentrischen Vorschlag der Architektin Zaha Hadid aus London durch: ein durch das schmale Grundstück vorgegebener langer Baublock, der an der Ecke Türken-/Theresienstraße durch einen Kopfbau akzentuiert wird. Eine Besonderheit des nach modernsten Erkenntnissen der Energieeffizienz errichteten Bauwerks ist die Fassade mit 36 000 mehrfarbigen Keramikstäben, die je nach Lichtverhältnissen und Betrachterstandpunkt unterschiedliche Effekte erzielen.

Die Sammlung umfasst neben Kunst der klassischen Moderne (z. B. Picasso) und der europäischen Nachkriegsmoderne (Joseph Beuys, Sigmar Polke, Mario Merz u. a.) vor allem Werke zeitgenössischer Künstler wie Damien Hirst sowie zahlreiche Arbeiten von Andy Warhol und den weltweit einzigartigen Bestand des amerikanischen Künstlers Cy Twombly. Im benachbarten **Türkentor**, dem einzigen Überrest der zerstörten Türkenkaserne, ist die Installation *Large Red Sphere*, eine große Granitkugel des amerikanischen Künstlers Walter de Maria, zu sehen.

Das **Wohn- und Geschäftshaus Theresienstraße 46–48** (II E4), das 1951–52 Sep Ruf, einer der führenden Architekten der deutschen Nachkriegsmoderne, errichtete, gilt als Inkunabel des modernen deutschen Mietshausbaus nach dem Zweiten Weltkrieg.

Ehemaliges **SiemensForum** (**OSKAR**; II E4): Mit dem ehemaligen Firmenmuseum und -archiv der Siemens AG besitzt München ein Bauwerk des internationalen Stararchitekten Richard Meier aus New York (1998). Wie alle seine anderen Bauten zeichnet sich auch dieses Werk durch streng geometrische Formen und eine strahlend weiße Verkleidung aus. Von großer städtebaulicher Wirkung sind die schwungvoll gerundete Eingangsseite und die darüber aufragende Rotunde. Seit dem Auszug der Siemens AG 2013 wird die Anlage umgebaut, um als Bürogebäude genutzt werden zu können. Firmenmuseum und -archiv wurden in die Zentrale am Wittelsbacher Platz verlegt.

Staatliches Museum Ägyptischer Kunst und **Hochschule für Fernsehen und Film** (II D4): Die nach Berlin größte Sammlung für ägyptische Kunst in Deutschland befindet sich nach jahrzehntelanger provisorischer Aufstellung in der Residenz seit 2013 zusammen mit der Hochschule für Fernsehen und Film in einem eigens errichteten Gebäude des

Staatliches Museum Ägyptischer Kunst

Kölner Architekten Peter Böhm. Der langgestreckte, parallel zur Alten Pinakothek ausgerichtete Baukörper setzt sich aus einer Sockelzone aus besonders verarbeitetem Beton und einem gläsernen Aufsatz zusammen. Die monumentale Architektur der Ausstellungsräume, die unterirdisch angelegt sind und teilweise über einen Innenhof mit Tageslicht beleuchtet werden, soll an ägyptische Tempel und Königsgräber erinnern. Die nicht chronologisch, sondern thematisch aufgestellten Objekte, viele davon von Weltrang, decken fünftausend Jahre ägyptischer Kunst ab, von der Frühzeit über das Alte, Mittlere und Neue Reich bis hin zur griechisch-römischen Zeit. Einen Schwerpunkt bildet die Rundplastik. Die Ursprünge des Museums gehen auf die Sammlungstätigkeit der bayerischen Herzöge zurück, die schon im 16. Jh. Aegyptiaca besaßen. Im 19. Jh. wurden zahlreiche weitere Stücke erworben.

Ehemaliger **›Führerbau‹ / Hochschule für Musik und Theater** und ehemaliger **Verwaltungsbau der NSDAP / Haus der Kulturinstitute** (II C4): Die beiden äußerlich gleich gestalteten Gebäude entstanden 1933–37 nach Entwürfen von Paul Ludwig Troost im Rahmen des von Adolf Hitler angeordneten Ausbaus des Königsplatzes und seiner Umgebung zum ›Parteiviertel‹. Der ›Führerbau‹ diente als repräsentativer Amtssitz Hitlers in München, der Verwaltungsbau nahm u. a. die zentrale Bibliothek der Parteileitung auf. Troost prägte für die monumental-massiven Bauten mit Kalksteinfassaden einen neoklassizistischen Architekturstil, der auf vergröberte, überdimensionierte und einfache, scharfkantige Formen reduziert ist und prägend für die nationalsozialistischen Staats- und Parteibauten in ganz Deutschland werden sollte. 1945 richtete die amerikanische Militärregierung im Verwaltungsbau den Central Art Collecting Point ein, der mit der Sichtung und Rückführung der unter den Nationalsozialisten geraubten, enteigneten oder zwangsveräußerten Kunstwerke betraut war. Heute sind in dem Gebäude u. a. das Zentralinstitut für Kunstgeschichte, die **Staatliche Graphische Sammlung** (s. S. 112) und das **Museum für Abgüsse Klassischer Bildwerke** untergebracht: In den glasüberdachten Innenhöfen mit von Pfeilern getragenen Galerien und großen Treppen kann man Gipskopien von Statuen aller Epochen der Antike, deren Originale über Museen der ganzen Welt verstreut sind, bewundern und vergleichen. Der ehemalige ›Führerbau‹, innen leicht anders gestaltet, beherbergt heute die Musikhochschule. Ursprünglich wurden die Bauten durch die zwei ›Ehrentempel‹ für die Opfer des versuchten Putsches von 1923 an der Einmündung der Briennerstraße ergänzt. Seit der Sprengung 1947 stehen heute nur noch die Fundamente, von Grün überwuchert. Ein weitläufiges unterirdisches Tunnel- und Bunkersystem, das zum Teil bis heute erhalten ist, verband alle NS-Bauten miteinander.

NS-Dokumentationszentrum (II D4): Der »Lern- und Erinnerungsort zur Geschichte des Nationalsozialismus« setzt sich kritisch mit der Geschichte Münchens vor, während und nach dem Nationalsozialismus auseinander. Da München mehr als jede andere Stadt mit dem Aufstieg des NS-Regimes verbunden ist und während seiner gesamten Regierungszeit ein Zentrum der Parteibürokratie blieb, kam schon bald nach dem Zweiten Weltkrieg der Gedanke an eine Erinnerungsstätte zur Geschichte der »Hauptstadt der Bewegung« auf, so der offizielle Titel Münchens seit 1935. Aber erst nach vielen Diskussionen und Initiativen vonseiten engagierter Bürger beschloss der Stadtrat 2001, auf dem Grundstück des ehemaligen »Braunen Hauses« (1947 abgerissen) das Dokumentationszentrum zu errichten. Den 2008 ausgeschriebenen Architekturwettbewerb gewann das Berliner Architektenbüro Georg Scheel Wetzel mit einem schlichten, aber durch schlitzförmig um die Gebäudeecken herumgezogene Fensteröffnungen markant akzentuierten Kubus aus speziellem weißen Sichtbeton. Der 2011–14 realisierte Bau sollte sich deutlich von der klassizistisch und nationalsozialistisch geprägten Umgebung absetzen und den Bruch mit der Geschichte des Ortes zeigen. Aus den schmalen Fensteröffnungen ergeben sich vielfältige Sichtbeziehungen zu den umliegenden Gebäuden. Anders als bei Museumsrundgängen üblich beginnt die Ausstellung im vierten Geschoss und führt von dort über Treppen abwärts. Ziel der Dauerausstellung und der wechselnden Sonderausstellungen ist, in medial ansprechender Form Wissen über die NS-Zeit und ihre Folgen zu vermitteln und eine zukunftsorientierte politische Bildungsarbeit zu leisten, die an das Verantwortungsbewusstsein der Bürger appelliert.

Karolinenplatz (II D4): Karl von Fischer, Architekt der Stadterweiterung von 1812, akzentuierte die neu angelegte, lange Hauptstraße der Maxvorstadt, die Briennerstraße, mit mehreren Platzanlagen, darunter der sternförmige Karolinenplatz. Die schräg einfallenden Straßen vermitteln zwischen der Altstadt und dem Rasterplan der Maxvorstadt. Von der ursprünglich lockeren Bebauung mit Gärten von Karl von Fischer haben sich nur die kleinen klassizistischen Nebengebäude ehemaliger Palais an der westlichen Einmündung der Briennerstraße erhalten. Der Obelisk im Zentrum wurde 1833 von Leo von Klenze im Auftrag Ludwigs I. zur Erinnerung an die 1812 im Russlandfeldzug unter Napoleon gefallenen 30 000 bayerischen Soldaten errichtet.

Königsplatz (II C4): Unter den im Stadterweiterungsplan für die Maxvorstadt von 1812 entlang der Briennerstraße vorgesehenen Plätzen war auch der rechteckige Königsplatz. Aber erst der Kronprinz und spätere König Ludwig I. ließ den Platz 1816–62 durch den Architekten Leo von Klenze zum heute weltberühmten klassizistischen Ensemble ausbauen, in dem seine Idee von der Wiedergeburt der antiken Kunst in München zum Ausdruck kommt. Nirgendwo sonst in der Stadt kann man Ludwigs Absicht, aus München ein »Isar-Athen«, wie er es nannte, zu machen, besser nachvollziehen als hier. Das Areal sollte nach dem Vorbild der Akropolis in Athen von drei Gebäuden mit tempelartigen Fassaden mit den drei antiken Säulenordnungen dorisch, ionisch und korinthisch eingefasst werden. Während die Funktion des ionischen Baus als Skulpturenmuseum, Glyptothek, und des dorischen Stadttors, der Propyläen, von Anfang an feststanden, zog sich die Entscheidung über die Funktion des dritten Baus länger hin. Anstelle der zunächst geplanten korinthischen Kirche wurde schließlich das Ausstellungsgebäude, heute die Staatlichen Antikensammlungen, errichtet. Der Verzicht auf Privatbauten zugunsten reiner Kulturbauten und einer Begrünung an den Rändern des Platzes – damals etwas Neues – verleiht dem repräsentativen Eingangsforum in die Stadt einen denkmalhaften Charakter. Die Anlage geometrisch angeordneter, auf die Bebauung bezogener Rasenflächen geht auf einen Entwurf des Gartenarchitekten Ludwig von Sckell von etwa 1820 zurück. Die Nationalsozialisten pflasterten die Rasenfläche mit Granitplatten, um sie als Aufmarschplatz zu nutzen und errichteten an der stadtseitigen Zufahrt zwei ›Ehrentempel‹ (1947 gesprengt). 1988 wurde der Platz wieder begrünt.

◆ **Glyptothek** (von griech. *glyphein*, ›schnitzen/meißeln‹; II C4): Der erste selbständige und öffentlich zugängliche Museumsbau für antike Skulpturen der Welt war eine persönliche Schöpfung Ludwigs I.: Er bezahlte den Bau und die hochrangigen Kunstwerke, die sein Berater und Kaufagent Martin von Wagner für ihn in Griechenland und Italien erwarb, aus seiner Privatschatulle. Den ausgeschriebenen Wettbewerb für das Gebäude gewann 1816 der Architekt Leo von Klenze. In Auseinandersetzung mit Ludwig I. und Wagner gelang ihm ein Schlüsselwerk der Museumsarchitektur, das in Bauform und Aufstellung der Figuren etwas völlig Neues darstellte. Er schuf eine breitgelagerte, eingeschossige Vierflügelanlage aus hellem Marmor mit einer achtsäuligen Tempelfront, die sich an den antiken Vorbildern des Erechtheions in Athen und am Athenatempel in Priene orientiert. Das Figurenprogramm des Außenbaus ist in Anspielung auf die Funktion der Glyptothek ganz der Bildhauerkunst gewidmet: von der von Martin von Wagner entworfenen Skulpturengruppe im Giebelfeld mit der Göttin Athena im Kreis von Repräsentanten verschiedener Bildhauertechniken bis zu den Statuen in den Nischen der Flügelbauten, die mythische und historische Vertreter der Bildhauerkunst sowie berühmte Bildhauer der Renaissance und zeitgenössische Künstler darstellen. Die um einen Innenhof angeordneten Räume mit Gewölben und Kuppeln waren von den römischen Thermen angeregt. Erstmals waren die Skulpturen hier nicht mehr wie bislang üblich thematisch geordnet,

Giebelskulpturen von Ägina mit Teilrekonstruktion der ursprünglichen Farbigkeit; Glyptothek

sondern gemäß den Ideen von Johann Joachim Winckelmann, dem ›Vater‹ der Archäologie, in chronologischer Reihenfolge aufgestellt, damit man die stilistische Entwicklung der antiken Bildhauerkunst nachvollziehen kann. Die ehemals reiche Innenausstattung mit Stuckmarmor, Stuckverzierungen und Fresken von Peter von Cornelius ging im Zweiten Weltkrieg verloren und wurde nicht wiederhergestellt. Der nach langen Diskussionen akzeptierte Vorschlag des Architekten Josef Wiedemann von 1964, die alten Raumformen ohne Dekoration nur in geschlemmtem Ziegelmauerwerk zu rekonstruieren, überzeugt noch heute, da die antiken Figuren in einem angemessenen, zeitlos wirkenden Ambiente besonders gut zur Wirkung kommen. Die heute nicht mehr streng chronologisch aufgestellte Sammlung gehört weltweit zu den bedeutendsten ihrer Art und umfasst griechische Werke der Archaik und Klassik und des Hellenismus, ferner zahlreiche römische Porträtköpfe, die alle frei im Raum aufgestellt sind. Bedeutende Werke sind u. a.: *Apoll von Tenea*, *Münchner Kuros*, die Giebelfiguren des Tempels von der griechischen Insel Ägina (*Ägineten*), *Medusa Rondanini*, *Aphrodite von Knidos*, *Porträt Alexanders d. Gr.*, *Barberinischer Faun*, *Trunkene Alte*, *Knabe mit der Gans*, *Porträt des Kaisers Augustus*.

Staatliche Antikensammlungen (II C4): Das 1838–45 in Anlehnung an die Architektur der Glyptothek von dem Architekten Georg Ziebland errichtete Gebäude war als Ausstellungshalle für zeitgenössische Kunst und Industrie geplant. In der Figurengruppe des Giebels von Ludwig von Schwanthaler erscheint *Bavaria*, die Verkörperung Bayerns, als Förderin verschiedener Kunstgattungen – ein Sinnbild für die unter Ludwig I. ›wiedererweckte‹ Kunst. Nach den Zerstörungen des Zweiten Weltkriegs wurden die Innenräume für die Staatlichen Antikensammlungen von antiken Vasen, Terrakotta- und Bronzefigürchen, Gläsern und Schmuck (vorher auf verschiedene Standtorte aufgeteilt) modern ausgebaut. Die Sammlung antiker Keramikgefäße mit figürlichen Darstellungen (rot- und schwarzfigurige Vasen) zählt zu den bedeutendsten der Welt.

Die **Propyläen** (II C4), nach jahrzehntelangen Planungen 1854–62 nach einem Entwurf von Leo von Klenze erbaut, sind nach dem Eingangstor zur Akropolis in Athen benannt und ahmen dessen dorischen Portikus mit Giebel in Kombination mit ionischen Säulen im Inneren nach. Für die mächtigen Seitentürme nahm Klenze andere Anregungen auf, etwa von der ägyptischen Architektur. Zunächst nur als Stadttor geplant, bestimmte Ludwig I. – der für die Finanzierung der Propyläen wieder einmal in seine Privatschatulle gegriffen hatte – den Bau zum Denkmal für den griechischen Befreiungskampf gegen die türkische Fremdherrschaft und für die Regierung des Wittelsbacher Königs Otto in Griechenland: Es blieb das einzige große Denkmal in Europa für diese Ereignisse. Ludwig hatte zusammen mit den Großmächten Frankreich, Großbritannien und Russland den Aufstand der Griechen gegen das Osmanische Reich unterstützt, der 1827 zur Gründung des griechischen Staats führte, mit König Otto, dem Sohn Ludwigs, von 1832–62 an der Spitze. Die Giebelskulpturen und Reliefs nach Entwürfen Ludwig von Schwanthalers verherrlichen diese Begebenheiten.

Das **Lenbachhaus**, heute **Städtische Galerie im Lenbachhaus** (II C4), errichtete sich 1887–91 der 1882 geadelte Maler Franz von Lenbach, der sich aus einfachen Verhältnissen zum prominentesten Porträtkünstler seiner Zeit hochgearbeitet hatte. Das herrschaftliche Anwesen in prominenter Lage nahe den großen Münchner Museen entwarf der Architekt Gabriel von Seidl nach Vorstellungen des Malers, der von einem »Palast …, der das Dagewesene in den Schatten stellen wird …«, träumte. Es bestand ursprünglich aus dem von italienischen Vorstadtvillen inspirierten Wohnhaus, dem vorgelagerten Re-

Franz Marc, *Der Tiger*; Lenbachhaus

naissancegarten mit Brunnen und Statuen sowie dem palastähnlichen Ateliergebäude links des Gartens. Lenbach inszenierte sich hier als ›Malerfürst‹ und machte seine Villa zu einem gesellschaftlichen Mittelpunkt, in dem er seine potentiellen Auftraggeber empfing. Nach Lenbachs Tod verkaufte seine

Witwe das Anwesen einschließlich der Sammlung an die Stadt München, die 1927–29 den Trakt rechts des Gartens hinzufügte und hier die Städtische Galerie einrichtete. Nach den Zerstörungen im Zweiten Weltkrieg haben sich nur zwei Räume im prunkvollen Originalzustand erhalten. 2009 entstand an der Briennerstraße der Erweiterungsbau des internationalen Stararchitekten Norman Foster in Form eines mit gewelltem Messing verkleideten Kubus, in dem auch der neue Eingang zum Museum liegt. Neben der Münchner Malerei des 15. bis 19. Jh.s, deutscher Kunst des frühen 20. Jh.s (Neue Sachlichkeit) und zeitgenössischer Kunst (vor allem Joseph Beuys) ist das Museum berühmt für die weltweit größte Sammlung von Werken der 1912 in München gegründeten Künstlergruppe »Der Blaue Reiter« mit Gemälden von Franz Marc, August Macke, Marianne von Werefkin, Alexej Jawlensky, Gabriele Münter, Paul Klee und vor allem Wassily Kandinsky. Seit 1994 hat das Museum eine Dependance im **Kunstbau**, ein nicht benötigter Raum über dem U-Bahnhof, der zur unterirdischen Ausstellungshalle umgebaut worden ist.

St. Bonifaz (II C4): Um eine Einheit von Religion, Wissenschaft und Kunst zu schaffen, ließ König Ludwig I. 1835–50 vom Architekten Georg Ziebland, der zuvor zum Studium nach Italien geschickt worden war, hinter dem Ausstellungsgebäude am Königsplatz eine Kirche mit Benediktinerkloster errichten. Die Säulenbasilika mit offenem Dachstuhl und reicher Ausstattung nach frühchristlichen Vorbildern Italiens war für München ein neuer Kirchentyp. Nach schweren Zerstörungen 1944/45 baute der Architekt Hans Döllgast nur den vorderen Teil an der Straße auf, sodass die Kirche heute ein Torso ist. Ludwig I. ist hier wie die normannischen Herrscher in Palermo in einem Steinsarkophag bestattet.

Alter Botanischer Garten (II C5): Die Parkanlage legte 1804–14 der Gartenarchitekt Ludwig von Sckell im Zusammenhang mit der Planung der Maxvorstadt an. Aus dieser Zeit hat sich nur das klassizistische Eingangsportal an der Ecke Sophien-/Elisenstraße von Emanuel Joseph von Herigoyen erhalten, ein frühes Beispiel farbig gefasster klassizistischer Architektur, mit einer von Johann Wolfgang von Goethe verfassten Inschrift. Anstelle des Gewächshauses wurde 1853/54 der berühmte Glaspalast erbaut, eine Ausstellungshalle in damals moderner Eisen-Glas-Konstruktion, die 1931 abbrannte. Im Zuge des Ausbaus des nationalsozialistischen Parteiviertels in der Umgebung des Königsplatzes wurde der Park 1935–37 neu gestaltet. Damals entstanden der Brunnen sowie der Ausstellungspavillon und das Parkcafé als Abschluss der Arcisstraße.

Der 1891–95 erbaute **Justizpalast** (II C5), eine typische Bauaufgabe des 19. Jh.s, war neben dem Reichstagsgebäude in Berlin und dem Reichsgericht in Leipzig der bedeutendste Monumentalbau des späten Historismus in Deutschland. Der damals erst 35-jährige Architekt Friedrich von Thiersch entwarf, inspiriert von den Justizpalästen in Stuttgart, Frankfurt a. M., Köln, Leipzig, Paris und Brüssel, einen schlossartigen neobarocken Bau mit drei Schaufassaden, die durch kräftige Risalite mit kolossalen Halbsäulen und Pilastern rhythmisiert werden. Die aufwendige Dekoration entwarf Thiersch bis ins Detail selbst. Über den Portalen verkörpern Figuren die Grundwerte und die Rechtsmittel der Justiz, begleitet von lateinischen Schriftbändern. Im Inneren war der historistische Bau mit der damals modernsten Technik wie Aufzügen und Lüftungsanlagen ausgestaltet. Das Zentrum bildet eine Treppenhalle, die wie beim Berliner Reichstag über ein kuppelartiges Gewölbe in Eisen-Glas-Konstruktion belichtet ist. Die Treppenanlage orientiert sich am barocken Treppenhaus des Stifts St. Florian in Österreich. Im Zweiten Weltkrieg ging die aufwendige Innenausstattung weitgehend verloren. Sehenswert ist heute daher im Inneren nur die – wenngleich in vereinfachter Form –

wiederhergestellte Treppenhalle. Bereits 1903 wurde ein Erweiterungsbau nötig. Das **Neue Justizgebäude** gestaltete Thiersch in bewusstem Gegensatz zum neobarocken Justizpalast als neogotischen Backsteinbau mit Uhrturm und getreppten Giebeln.

Bayerischer Rundfunk (II B5): Das 1927–29 nach Plänen von Richard Riemerschmid als Sitz des Senders »Deutsche Stunde in Bayern« errichtete Gebäude war eines der ersten Funkhäuser Europas. Durch Aufbauten nach dem Krieg ist die ausgewogene Proportionierung der betont modernen Architektur verloren gegangen.

Münchner Theater für Kinder (II C4): Das 1915–17 ursprünglich als Kino mit Wohnungen in den Obergeschossen angelegte Gebäude besitzt noch eine weitgehend erhaltene Innenausstattung. Das Foyer schmückt eine blau-grüne Majolika-Verkleidung.

St. Benno (II B3): Die 1888–95 vom Architekten Leonhard Romeis erbaute Kirche gehört zu den bedeutendsten Beispielen neoromanischer Kirchenbaukunst in Süddeutschland. Die dreischiffige Basilika mit Doppelturmfassade, halbrund geschlossenen Querhausarmen, achteckigem Vierungsturm und Chor mit Umgang ist von Beispielen der rheinischen Romanik wie dem Dom zu Limburg inspiriert. Die nahezu vollständig erhaltene originale Ausstattung mit Altären, Mosaiken, Fresken, Glasfenstern, Skulpturen und Kanzel vermittelt so gut wie kein anderes Beispiel einen anschaulichen Eindruck von der Münchner Kirchenausstattung um 1900.

Schwabing (II C–E 1–3), **Wohnbebauung des Historismus und des Jugendstils**: Münchens berühmtester Stadtteil ging aus dem lange vor München im Jahr 782 urkundlich erwähnten Dorf am Schwabinger Bach, einem Seitenarm der Isar, hervor. Der bäuerlich-dörfliche Charakter begann sich zu ändern, als im 18. Jh. Adelige hier ihre Landsitze errichteten.

Die Anlage des Englischen Gartens und die Ausdehnung Münchens nach Norden entlang der Ludwigstraße Anfang des 19. Jh.s ließen Schwabing zu einem beliebten bürgerlichen Vorort mit städtischem Charakter anwachsen, der 1891 schließlich nach München eingemeindet wurde. In den folgenden Jahrzehnten machte sich Schwabing als Boheme-Viertel mit zahlreichen Gaststätten, Künstlerateliers und Verlagen einen Namen. Hier lebten Schriftsteller wie Frank Wedekind, Franziska Gräfin zu Reventlow, Joachim Ringelnatz, Rainer Maria Rilke, Heinrich Mann und Stefan George sowie Albert Langen, der Gründer und Verleger des *Simplicissimus*; ferner die Künstler des »Blauen Reiters« Wassily Kandinsky, August Macke, Franz Marc, Gabriele Münter und Paul Klee, die Musiker Max Reger und Wilhelm Furtwängler sowie die Architekten Theodor Fischer und August von Thiersch. Das einst von Literaten besungene unkonventionelle ›Schwabinger Lebensgefühl‹ ging schon mit dem Ersten Weltkrieg zu Ende, lebt aber bis heute als Mythos weiter.

Trotz der Zerstörungen des Zweiten Weltkriegs hat sich in vielen Straßen die bürgerliche Wohnarchitektur des Historismus und des Jugendstils bewahrt, sodass man den ursprünglichen Charakter des Viertels noch erleben kann. Besonders sehenswert sind die repräsentativen Mietshäuser des Architekten Martin Dülfer, einem prominenten Vertreter der deutschen Jugendstilarchitektur. Während das erste Luxusmietwohnhaus der Stadt (1896/97) in der **Leopoldstraße 4** (II E/F3) mit kolossalen Säulen noch dem klassizistischen Stil verpflichtet ist, entwickelte Dülfer für seine späteren Häuser eine spezifische Variante des Jugendstils. Charakteristika der Fassaden sind die starke Farbigkeit, die unterschiedlichen Putzflächenstrukturen, die mit Masken, floralem Liniendekor und Blüten geschmückten Giebelfelder und die ornamentalen Friese. Beispiele finden sich in der **Friedrichstraße 9–11** (II E2;

Schwabing, Jugendstilhaus, Ainmillerstraße 22

Ecke Konradstraße), dem ersten großen Mietshaus des Jugendstils in München, in der **Ohmstraße 13–17**, der **Gedonstraße 4–6** und der **Leopoldstraße 77** (II F2). Weitere interessante Jugendstilfassaden von anderen Architekten: **Friedrichstraße 18**, **Franz-Joseph-Straße 19**, **Ainmillerstraße 22** (Münchens wohl berühmteste Jugendstilfassade), **Römerstraße 11, 16** (II E2), **Hohenzollern-**, **Viktor-Scheffel-**, **Clemens-**, **Destouches-**, **Isabella-**, **Agnes-**, **Teng-**, **Bauer-** und **Zentnerstraße** (II C-D1–3), ferner **Haimhauser Straße**, **Martiusstraße**, **Ohmstraße 20–22** (II F/G1–2). Ein berühmtes Wohnhaus im pompösen Stil der Gründerzeit ist das **Pacelli-Palais** (Georgenstraße 8; II E2) von 1900–03 mit kolossaler Säulengliederung und mehreren Kuppeln, Erkern und Giebeln. Im bewussten Kontrast dazu steht das benachbarte **Palais Bissing** (1903; Georgenstraße 10; II E2), mit einfachen, klaren Formen, farbigem Flächendekor und Medaillonporträts von Schiller, Raffael, Donatello und Sophokles.

Interessante Beispiele für Schwabinger Villenarchitektur sind die **Seidl-Villa** (II F2), 1904–06 von Emanuel von Seidl für die Witwe des Mitbesitzers der Spatenbrauerei in schlossähnlichem Landhausstil erbaut, eine aus verschiedenen Baukörpern mit Türmen und Giebeln zusammengesetzte Anlage mit großem Garten; außerdem das 1895 erbaute **Obristhaus** (Karl-Theodor-Straße 48), das Wohnhaus des bedeutenden Münchner Jugendstilkünstlers Hermann Obrist, erbaut im traditionellen, burgartigen Landhausstil. Lediglich die Detailformen wie die ornamentierten Säulen verweisen auf den Jugendstil. Nach Kriegzerstörungen wurde das Obristhaus vereinfacht wiederhergestellt.

St. Sylvester (II G1) besteht aus zwei miteinander verbundenen Kirchen, die mit dem Pfarrhaus und dem aufgelassenen Friedhof ein gut erhaltenes Ensemble bilden, das noch an die dörfliche Vergangenheit Schwabings erinnert. Die einfache, um 1300 errichtete alte Dorfkirche mit hohem, spitzem Turm wurde 1654–60 barock umgestaltet. Das neue Gewölbe mit dem geometrischen Stuck und die Altäre in zwar reich verzierten, aber noch ruhigen Formen sind anschauliche Beispiele des frühbarocken Stils. Der Hochaltar von Caspar Amort mit dem Bild *Hl. Ursula und ihre Gefährtinnen* erinnert an das ehemalige Patrozinium, das erst 1920 in St. Sylvester geändert wurde. Der Erweiterungsbau von 1925/26 im neobarocken Stil enthält interessante Deckengemälde zum *Leben Jesu*, die wie die Architektur an die barocke Tradition anknüpfen. Sowohl in der alten wie in der neuen Kirche befinden sich einige qualitätvolle Figuren des Barock, u. a. von Constantin Pader und Ignaz Günther (*Verkündigung*, ihm zugeschrieben), die zum Teil aus der 1898 abgebrochenen Schwabinger Kirche St. Nikolai stammen.

Die **Schule Haimhauser Straße** (Nr. 23, II G1), 1895–98 erbaut, mit frischen, kindgemäß in Kratzputzdekor ausgeführten Tiergestalten aus der Zeit des Jugendstils, gehört in die Reihe der vielen Schulbauten, die der Münchner Stadtbaumeister Theodor Fischer in den neuen Stadtvierteln erbaut hat.

Das **Suresnes-Schlösschen** (Werneck-Schlösschen; II F1), 1717/18 vielleicht vom Münchner Barockarchitekten Johann Baptist Gunetzrhainer erbaut, ist das einzige erhaltene Beispiel der adeligen Schwabinger Landsitze. Bauherr war der Kabinettsekretär des Kurfürsten Max Emanuel. Der Name sollte an das 1713 während des französischen Exils vom Kurfürsten bewohnte Schloss Suresnes bei Paris erinnern. Nach mehrfachen Umbauten haben sich im Inneren nur zwei Räume mit Stuckaturen des späten 18. Jh.s erhalten. Heute hat hier die Katholische Akademie in Bayern ihren Sitz.

Das **Verwaltungsgebäude der Rückversicherungsgesellschaft** (II F2) wurde 1911–13 von Oswald Eduard Bieber, dem Architekten der Borstei-Siedlung, erbaut. Die schlossähnliche, reich gegliederte Anlage lässt die Funktion als technisch fortschrittliches Bürogebäude nicht erkennen. Zu den technischen Neuerungen gehörten Stahlbetondecke, Klimaanlage und Rohrpost.

St. Ursula (II E1): Die 1894–97 für das neue Stadtviertel erbaute Pfarrkirche bildet das Zentrum eines regelmäßig angelegten Straßennetzes und richtet sich urbanistisch wirksam auf die lange Achse der Friedrichstraße aus. August von Thiersch, Architekt und Professor der Technischen Universität, schuf hier den ersten Münchner Kirchenbau des 19. Jh.s, der sich nicht mehr an Vorbildern der nordeuropäischen Romanik und Gotik, sondern an Bauten der italienischen Renaissance orientiert. Für das Innere der dreischiffigen Basilika ließ sich Thiersch von S. Spirito in Florenz, einem Bau des ersten Renaissancearchitekten Filippo Brunelleschi, inspirieren, ohne das Vorbild direkt zu kopieren. Dort sind die Säulenarkaden mit Gebälkstück zwischen Kapitell und profiliertem Bogen, das durchlaufende Gebälk darüber, die flache Kassettendecke des Mittelschiffs, die Wölbung der Seitenschiffe sowie die insgesamt sparsam verwendete Baudekoration vorgeprägt. Diese Orientierung an einem historischen Vorbild steht in Gegensatz zur Verwendung des neuen Baustoffs Stahlbeton, der hier lediglich der Minderung der Kosten diente. Die Maßverhältnisse der Kirche folgen Thierschs Proportionslehre, nach der alle wichtigen Teile des Baus mit demselben Verhältnis von Breite zu Höhe angelegt werden sollen. Die geplante Ausstattung, mit der Thiersch ein Gesamtkunstwerk im Stil der italienischen Renaissance schaffen wollte, wurde nur zum Teil verwirklicht: der Hochaltar in Form eines Säulenziboriums mit Tabernakel, der Marienaltar in der Florentiner Technik des farbig glasierten Tons (Majolika), der Josephsaltar sowie die Gliederung der Ostwand im rechten Querhaus.

Schule Elisabethplatz (II D2): Die 1901/02 von Theodor

Fischer übereck erbaute zweiflügelige Anlage (ehemals jeweils für Jungen bzw. Mädchen) beherrscht den Elisabethplatz. Der Architekt hat das große Gebäude durch mehrere Giebel und einen asymmetrisch platzierten Turm aufgelockert, um sich der historischen Wohnbebauung der Umgebung anzupassen, die allerdings heute weitgehend zerstört ist.

Post Agnesstraße (II D2): Das 1926/27 von Robert Vorhoelzer angelegte Gebäude fällt durch die spitzbogigen Arkaden, die abstrakte Dekoration der Erker und den Figurenschmuck auf, die noch der expressionistischen Formensprache verpflichtet sind. Damit unterscheidet sich diese Post von den späteren Beispielen Vorhoelzers im Stil des »Neuen Bauens« (s. S. 159, 161). Beim Umbau 1991–93 ist die alte Schalterhalle abgerissen worden.

Erlöserkirche (II F1): Die Pfarrkirche Schwabings, 1900/01 von Theodor Fischer erbaut, gilt als Markstein des protestantischen Sakralbaus. Die malerisch gestaffelte Baugruppe, die an süddeutsche Dorfkirchen des Mittelalters erinnert, ist auf die Sicht von der Leopoldstraße ausgerichtet. Im Inneren, ein breit gelagerter rechteckiger Raum mit Emporen und flacher Decke, mischen sich vereinfachte romanische Formen mit Jugendstilelementen wie den Kapitellen. Das vom Prinzregenten Luitpold gestiftete Apsis-Fresko von Linda Kögel (1903/04) stellt *Das Leben der Gemeinde unter dem Schutz Gottes* dar. Seit 2004 macht das Doppelscheiben-Hochhaus **Highlight Munich Business Towers** des weltweit tätigen Architekturbüros Murphy/Jahn (Chicago) der Kirche an der Skyline Konkurrenz: Eine übergroße graue Wand erscheint hinter dem weißen Turm der Erlöserkirche.

Olympiapark (zwischen Landshuter Allee und Lerchenauer Straße / Spiridon-Louis-Ring 21; s. Übersichtskarte): Für die 1972 in München veranstalteten Olympischen Sommerspiele wurde das ehemalige Militär- und Fluggelände nördlich der ◆

Olympiapark

Stadt zu einer Sport- und Freizeitlandschaft nach dem Gesamtkonzept des Architekturbüros Günter Behnisch und Partner sowie des Landschaftsarchitekten Günther Grzimek ausgebaut. Völlig neu für die Gestaltung einer olympischen Spielstätte war das Konzept der »Spiele im Grünen«: Die Sportbauten bildeten eine Einheit mit der künstlich angelegten hügeligen Parklandschaft, die durch die Einbeziehung der

Schuttberge der Kriegstrümmer von 1945 und des zu einem See gestauten Kanals entstand. Die drei wichtigsten Sportanlagen, das **Olympiastadion**, die Olympiahalle (Mehrzweckhalle) und die Schwimmhalle sind unter einem Zeltdach zusammengefasst, das schon lange zu einem Wahrzeichen Münchens geworden ist und das Erscheinungsbild des Olympiageländes entscheidend prägt. Die einem Spinnennetz nachempfundene

Dachhaut aus Acrylglas ist eine von dem Architekten Frei Otto entwickelte Seilnetzkonstruktion, die von Pylonen gehalten wird. Die bis dahin größte, den Formen der Natur nachempfundene Zeltdachkonstruktion erweckt den Eindruck von Leichtigkeit und Offenheit und erfüllt damit perfekt den Wunsch der Veranstalter, sich von den Olympischen Spielen 1936 in Berlin unter den Nationalsozialisten abzugrenzen. Seit 1972 wird das Olympiagelände weiterhin für sportliche, aber auch für kulturelle, gesellschaftliche und religiöse Veranstaltungen genutzt. Bis 2005 fanden im Stadion zahlreiche Fußballmeisterschaften und Spiele des FC Bayern München statt. Nachdem Denkmalschützer zusammen mit dem Architekten Günter Behnisch erfolgreich gegen den fußballgerechten Umbau des Olympiastadions protestiert hatten und sich ein Bürgerbegehren für ein neues Stadion ausgesprochen hatte, wurde die Allianz-Arena (s. S. 136) gebaut. Vom bereits 1965–69 erbauten, fast 300 Meter hohen **Olympiaturm** mit Drehrestaurant, Aussichtsplattformen und drei Stockwerken für Kommunikationstechnik bietet sich ein großartiger Blick über das Olympiagelände und München.

◆ **BMW-Verwaltungszentrum** und **BMW Museum** (Petuelring 130; s. Übersichtskarte): In der Nachbarschaft des Werksgeländes der Bayerischen Motorenwerke (BMW) setzt der 18-geschossige Büroturm, errichtet nach Plänen des österreichischen Architekten Karl Schwanzer 1970–73, dank seiner ungewöhnlichen Form einen markanten städtebaulichen Akzent: Vier zylindrische Baukörper, die kleeblattförmig um einen Kern angeordnet sind, symbolisieren zusammen mit den Aluminiumfassaden den Vierzylindermotor eines Autos und damit den Konzern. Eine statische Besonderheit ist, dass diese Zylinder nicht auf dem Boden stehen, sondern an oben sichtbaren Kragarmen aufgehängt sind. Zu Füßen dieses Turms liegt das Museum in Gestalt einer silbergrau gestrichenen Betonschale. Hier werden anhand von Automobilen und Motorrädern die Firmengeschichte sowie die Auswirkungen der motorisierten Mobilität auf die Gesellschaft dargestellt.

BMW Welt (Am Olympiapark 1; s. Übersichtskarte): 2003–07 wurde das Bauensemble des Automobilkonzerns um das Erlebnis- und Auslieferungszentrum erweitert. Das Gebäude nach dem Entwurf des Wiener Architekturbüros Coop Himmelb(l)au wirkt wie eine riesige, dynamisch modellierte Skulptur. Das Innere der verkleideten Stahlkonstruktion ist ein kühner, weitgehend stützenfreier Raum mit Rampen, Treppen und einem auf- und abschwingenden Dach. Neben der permanenten Automobilausstellung, kulturellen Veranstaltungen und Events wird hier auch die Auslieferung der bestellten Fahrzeuge an die Kunden als Erlebnis inszeniert. ◆

St. Sebastian (Schleißheimer Straße 212) bildet zusammen mit den angrenzenden Wohnbauten ein architektonisch einheitliches Ensemble, das auf einen Wettbewerbsentwurf von Otho Orlando Kurz und Eduard Herbert zurückgeht. Die in stereometrischen Formen angelegte Backsteinkirche gehört zu den wenigen Beispielen von Sakralbauten im Stil des »Neuen Bauens« in München.

Borstei (Dachauer Straße, Pickel-, Hengeler-, Hildebrand-, Franz Marc-, Löfftzstraße; s. Übersichtskarte): Die nach dem Bauunternehmer und Architekten Bernhard Borst benannte Siedlung entstand 1924–29 als geschlossene Anlage um Innenhöfe mit Gärten. Die traditionsgebundene Bauweise mit Arkaden, Rauputz und Satteldächern steht in bewusstem Gegensatz zum modernen Stil des zeitgleichen sozialen Wohnungsbaus von Stadt und Post.

Moosach, Alt-St. Martin (St.-Martins-Platz 1; s. Übersichtskarte): Die spätestens im 13. Jh. errichtete Kirche gehört zusammen mit St. Johann Baptist in Johanneskirchen und Hl. Kreuz in Fröttmaning zu den ältesten Bauwerken Münchens. Der im Kern noch romanische Saalbau erhielt im 15. Jh. ein schönes spätgotisches Rippengewölbe und im 17. und 18. Jh. eine neue Altarausstattung. Über dem Eingang auf der Südseite haben sich Reste einer mittelalterlichen Sonnenuhr erhalten.

Fröttmaning, Hl. Kreuz (Kranzberger Allee 66; s. Übersichtskarte): Die im 13. Jh. erbaute und im 14. Jh. veränderte Kirche, die zu den ältesten im Münchner Stadtgebiet gehört, ist das einzige Relikt, das sich vom ehemaligen Dorf Fröttmaning erhalten hat. Die Siedlung musste ab 1954 der ständig wachsenden Mülldeponie weichen, die 1973–85 zu einem Park renaturiert wurde. Von diesem 75 Meter hohen sogenannten Fröttmaninger Berg, den ein Windrad bekrönt, bietet sich eine gute Aussicht auf München, die Alpen und die benachbarte Allianz-Arena. An den ehemaligen Ort erinnert die Installation *Versunkenes Dorf* des Künstlers Timm Ulrichs von 2006 in Form einer originalgroßen Betonkopie der Kirche, die zum Teil im Berg verschwindet. Die alte Kirche entspricht dem Typus der Chorturmkirche, die in der Romanik im Münchner Raum verbreitet war. Während das Äußere noch seine romanische Gestalt bewahrt hat, zeigt sich das Innere barockisiert (1735/36). Von großer Bedeutung ist die nur z. T. freigelegte, mit Kalkfarbe direkt auf die Ziegelmauer gemalte ornamentale Malerei aus dem 13. Jh.

◆ Die **Allianz-Arena** (Werner-Heisenberg-Allee 25; s. Übersichtskarte) gilt als eines der spektakulärsten, aber auch teuersten Fußballstadien in Deutschland. Wegen zunehmender Kritik an der mangelnden Funktionsgerechtigkeit des Olympiastadions von 1972 wurde die Arena 2002–05 zur Fußballweltmeisterschaft 2006 in Deutschland erbaut und wird seitdem von den Vereinen FC Bayern München und TSV 1860 München für Heimspiele sowie von der deutschen Fußballnationalmannschaft für Länderspiele genutzt. Die von dem weltberühmten Basler Architekturbüro Herzog & de Meuron entworfene Anlage fällt schon von Weitem wegen der weißen Kunststoffhaut aus rautenförmigen Membrankissen auf, die sich um die Stahlkonstruktion des Stadions spannt und Assoziationen an einen riesigen Schwimmring oder ein Schlauchboot weckt. Je nach Bedarf kann der Kunststoffring in den Vereinsfarben rot-weiß oder blau-weiß sowie in neutralem Weiß leuchten. Das von antiken Stadien wie dem Kolosseum in Rom angeregte Innere bietet bis zu 75 000 Zuschauern auf sehr steil ansteigenden, überdachten Rängen, die nah an das Spielfeld herangerückt sind, eine optimale Sicht.

Die **Schlossanlage Schleißheim** außerhalb von München ♦ ist ein kunsthistorisch bedeutender Komplex aus drei axial aufeinander bezogenen Schlössern des 17. und 18. Jh.s, die durch eine symmetrische Parkanlage verbunden sind. Der Ursprung geht auf Herzog Wilhelm V. zurück, der 1598–1600 in einem einsam gelegenen Schwaighof mit Einsiedeleien und Kapellen ein landwirtschaftliches Mustergut und ein einfaches Herrenhaus erbauen ließ. Nach seiner Abdankung 1598 wollte sich Wilhelm V. hierhin zurückziehen und ein frommes Leben führen. Sein Sohn Maximilian I. ersetzte 1617 das Herrenhaus durch das heutige, später so genannte **Alte Schloss**, vielleicht nach Plänen von Heinrich Schön d. Ä. und Hans Krumper. Das Schloss bildet den östlichen Abschluss einer regelmäßigen Anlage von Wohn- und Wirtschaftsgebäuden um zwei Höfe, die durch einen Tor- und Uhrturm von 1600 getrennt werden, den ältesten erhaltenen Teil des Komplexes. Zu dem breit gelagerten, eingeschossigen Schlosstrakt ließ sich Maximilian I. von den Villenprojekten im Architekturtraktat des italienischen Architekten Vincenzo Scamozzi anregen, einem Schüler von Andrea Palladio. Die Mitte des Baus akzentuiert der erhöhte Festsaaltrakt mit vorgelagerter Loggia mit Treppe, typische Motive oberitalienischer Villen. Auch der Grundriss mit symmetrisch zu beiden Seiten des zentralen Festsaals angeordneten Zimmerfluchten ist diesen Vorbildern verpflichtet. Nach schweren Zerstörungen im Zweiten Weltkrieg wurden 1970–72 zunächst der Außenbau und 1985–90 ein Teil der Innenräume (Festsaal und Südflügel) wiederhergestellt. Der Nordtrakt wurde für eine museale Nutzung modern ausgebaut. Hier sind die »Ökumenische Sammlung Gertrud Weinhold – Das Gottesjahr und seine Feste« neuerer religiöser Volkskunst und die Sammlung »Es war ein Land …« zur Landeskunde Ost- und Westpreußens ausgestellt.

Kurfürst Max Emanuel baute Schleißheim 1680–1723 zu einem prächtigen, weitläufigen Barockschloss, einem der bedeutendsten in Deutschland, aus, um seine Bestrebungen, die Kaiserkrone des Heiligen Römischen Reichs zu erlangen, architektonisch sichtbar zu machen. Als Erstes entstand anlässlich seiner Vermählung mit der Kaisertochter Maria Antonia 1684 über einen Kilometer vom Alten Schloss entfernt **Schloss Lustheim**, ein kleines Garten- und Jagdschloss, das nicht dauerhaft bewohnt wurde und nur für kurze Aufenthalte diente. Das Schlösschen bildet zum einen das Zentrum einer eigenen Gartenanlage, einer kreisrunden von einem Wasserkanal umgebenen Insel mit symmetrischem Wegenetz, war von Anfang an aber auch als *point de vue*, als Blickpunkt der weiträumigen Gesamtanlage des Parks gedacht – daher ist Lustheim axial auf das Alte Schloss ausgerichtet. Der verantwortliche Architekt Enrico Zucalli ließ sich von der Architektur italienischer Villen- und Casinobauten anregen: Das auf einem H-förmigen Grundriss angelegte Gebäude setzt sich aus einem Mittelbau mit korinthischen Doppelpilastern und großem Portal und vorgezogenen Seitenflügeln zusammen, die nur mit flachen Mauerstreifen und doppelgeschossigen Fensterreihen gegliedert sind. Den Mittelbau bekrönt ein Belvedere, das eine weite Aussicht über den Park gewährt. Durch das Mittelportal gelangt man wie in einer italienischen Villa direkt in den zentralen zweigeschossigen Festsaal. An diesen Hauptraum schließt sich links und rechts jeweils ein kleines Appartement für den Kurfürsten und die Kurfürstin an. Im Obergeschoss befanden sich die Wohnräume für die Dienerschaft. Die Fresken der Gewölbe gelten als Meilensteine in der Geschichte der Raumausstattung nördlich der Alpen: Erstmals in Süddeutschland kommt hier eine monumentale Deckenmalerei im Stil des italienischen Barock zum Einsatz. Im großen Hauptsaal dominiert die *Quadratura*, perspektivisch gemalte Scheinarchitektur, die die Illusion schafft, der reale Raum setze sich nach oben weiter fort und öffne sich zum Himmel, in dem sich ein überirdisches Geschehen abspielt. Für solche Scheinarchitekturen gab es Spezialisten wie hier den Maler Antonio Maria Bernardi, während die figürlichen Szenen auf den Venezianer Francesco Rosa zurückgehen. In Anspielung auf die Funktion des Schlösschens ist die Verherrlichung Dianas, der antiken Göttin der Jagd, dargestellt. An den Decken der Appartements findet sich ein anderes Dekorationsprinzip: Angeregt von den Fresken des berühmten italienischen Barockmalers Pietro da Cortona, kombinierte Johann Anton Gumpp als erster Maler nördlich der Alpen farbig gemalte Figurenszenen im Mittelfeld mit aufwendigen Rahmenformen aus fingiertem gemalten Stuck in Weiß und Gold. Der Reiz dieses Dekorationssystems bestand darin, dass es mit den verschiedenen Realitätsebenen der Stuckdekorationen und der Szenen mit Figuren ›aus Fleisch und Blut‹ spielt. Nach dem Vorbild des Jagdschlosses Venaria Reale in Turin werden sehr seltene Szenen des Diana-Mythos gezeigt. Schloss Lustheim beherbergt heute die weltberühmte **Sammlung** frühen **Meißner Porzellans**, eine Stiftung von Ernst Schneider. Von den halbkreisförmigen Bauten entlang des Ringkanals hinter dem Schloss bestehen heute nur noch die beiden **Pavillons**. Der südliche Pavillon nimmt die 1686 nach Entwürfen Zucallis erbaute **Renatuskapelle** auf, ein von den Bauten des römischen Barockarchitekten Gian Lorenzo Bernini angeregter Ovalraum. Im nördlichen, mit Scheinarchitekturen ausgemalten Pavillon befand sich ein Stall.

Nachdem Kurfürst Max Emanuel als Verteidiger Wiens und Belgrads gegen die Türken in ganz Europa berühmt geworden war, begann er 1701 den Bau des **Neuen Schlosses**, heute der Hauptbau der gesamten Anlage, denn er machte sich Hoffnungen auf die Kaiserwürde. Mit diesem ›Kaiserschloss‹ verband er den Plan, seinen Regierungssitz von der Residenz in der Stadt nach Schleißheim zu verlegen, so wie damals viele Fürsten von ihrem alten Stadtschloss in eine neue Residenz auf dem Land zogen, allen voran Ludwig XIV. von Paris nach Versailles. Die Entwürfe des verantwortlichen Architekten Enrico Zucalli sahen ursprünglich eine Vierflügelanlage vor, die das Alte Schloss miteinbezogen hätte. Aber aufgrund der unruhigen politischen Verhältnisse wurde der Bau unterbrochen: Max Emanuel nahm am Spanischen Erbfolgekrieg teil und musste 1704–14, nach der verheerenden Niederlage in der Schlacht von Höchstädt ins Exil nach Frankreich gehen. Nach seiner Rückkehr vollendete der neue Architekt, der in Paris geschulte Joseph Effner, nur noch den Hauptrepräsentations- und Wohntrakt und seine Ausstattung. Obwohl sich die Träume von der Kaiserkrone inzwischen zerschlagen hatten, sollte dieser Corps de logis den anderen europäischen Barockschlössern in nichts nachstehen. Der sehr langgestreckte Baukörper, ein durch Mittel- und Eckrisalite akzentuierter Haupttrakt, der von Galerien und Pavillons flankiert wird, nimmt die ganze Breite des Gartens ein. Die repräsentative Hauptraumfolge im Inneren des Mittelrisalits umfasst die durch Marmorsäulen unterteilte Eingangshalle und das **Prunktreppenhaus** sowie im Obergeschoss die beiden großen Säle und die Galerie. Großzügige Treppenanlagen waren ein unverzichtbarer Bestandteil barocker Schlösser, da sich hier das Empfangszeremoniell für Gäste besonders wirkungsvoll entfalten konnte. Die dreiläufige Schleißheimer Treppe, die frei in einer hohen überwölbten Halle steht, gilt als wichtiges Vorbild für die berühmten Treppenhäuser von Balthasar Neumann, etwa in der Würzburger Residenz. Die phantasievollen Stuckaturen stammen vom Meister dieser Kunst, Johann Baptist Zimmermann. Das Deckenfresko *Venus in der Schmiede des Vulkan, der die Waffen für Aeneas schmiedet* von Cosmas Damian Asam (1721) schlägt ein Thema an, das in den folgenden Räumen weitergeführt wird: Wie der antike Held Aeneas hat Max Emanuel, der Sieger über die Türken, nach langen Kämpfen seine Herrschaft wiedererlangt. Es war damals völlig üblich, dass sich Fürsten mit Göttern und Helden der Antike identifizierten und sich damit erhöhten. Im ungewöhnlich großen Deckenfresko des zweigeschossigen, reich stuckierten **Weißen Saals** verzichtete der Maler Jacopo Amigoni (1721/22) auf Unterteilungen durch Scheinarchitekturen oder Rahmungen und malte stattdessen am äußeren Bildrand einen ›Bodenstreifen‹ aus fortlaufender Landschaft und Figuren, die das irdische Geschehen um Aeneas darstellen. In der Mitte öffnet sich übergangslos der Himmel mit den überirdischen Ereignissen der Götter. Diesem Bildschema, dessen Ursprünge ebenfalls in Italien lagen, gehörte die Zukunft der süddeutschen Deckenmalerei. Der anschließende **Viktoriensaal** verfügt über eine geschnitzte Wandvertäfelung von 1723–25, die zu den schönsten Innendekorationen des Barock zählt. Das Deckenfresko von Amigoni zeigt *Dido empfängt Aeneas.* Die zur Gartenseite gelegene, fast 60 Meter lange **Große Galerie** war wie der entsprechende Raum im Pariser Louvre, dem ehemaligen Schloss der französischen Könige, als Ausstellungsraum für die berühmte Gemäldesammlung konzipiert, die Max Emanuel in Brüssel erworben hatte. Heute hängen hier Gemälde italienischer und flämischer Barockmaler, darunter mehrere von Peter Paul Rubens, aus dem Bestand der Bayerischen Staatsgemäldesammlungen. In den Flügeln links und rechts schließt sich spiegelbildlich jeweils das **Appartement für den Kurfürsten und die Kurfürstin** an, bestehend aus Vorzimmer, Audienzzimmer, Paradeschlafzimmer, Großem Kabinett und zwei kleinen Kabinetten beziehungsweise einer Kapelle. Die Ausstattung beider Raumfolgen entstand unter der Leitung von Joseph Effner: goldene Stuckaturen auf hellem Grund und rote Wandbespannungen für den Kurfürsten, silberne Stuckaturen auf hellgrauem Grund und gelben Wandbespannungen für die Kurfürstin. Die Deckenbilder malte erneut Jacopo Amigoni, mit Darstellungen zum ›männlichen‹ Thema *Krieg* in den Zimmern des Kurfürsten und mit ›weiblichen‹ Bildern des *Friedens* und der *Tugenden* in den Räumen der Kurfürstin. Die barocke Möbelkunst ist mit den Paradebetten oder den Konsoltischen durch bedeutende Werke vertreten.

Der **Schlosspark** gehört zu den ganz wenigen erhaltenen Barockgärten überhaupt. Als typische Merkmale gelten die symmetrische, über einer langen Mittelachse angeordnete Grunddisposition, die auf die Schlossbauten ausgerichtet ist und mit diesen eine untrennbare Einheit bildet; ferner das Parterre mit geometrisch angelegten Zierbeeten direkt vor dem Neuen Schloss sowie, daran anschließend, die links und rechts der Mittelachse angeordneten Boskette mit beschnittenen Büschen und Bäumen, die von schnurgeraden, radialen und kreisrunden Wegen durchdrungen sind. Durch die angrenzenden Wälder hat man große Schneisen geschlagen. Die Grundstruktur der Gartenanlage geht auf den Plan zurück, den Enrico Zucalli 1684 im Zusammenhang mit Schloss Lustheim geschaffen hat: Damit waren die Längs- und Breitenausdehnung des Gartens und der kreisrunde Abschluss hinter Lustheim bestimmt.

Auf dieser Grundlage schuf Dominique Girard, ein Schüler des berühmten französischen Gartenarchitekten André Le Nôtre, den heutigen Garten. Auf der langen Mittelachse mit Lustheim als *point de vue* lag ursprünglich die Bahn für das bei Hof beliebte Maillespiel, erst Ende des 18. Jh.s wurde hier der große, lange Kanal gegraben.

Die Stadtviertel jenseits der Isar

Bogenhausen (s. Übersichtskarte): Nach der Eingemeindung des alten Dorfkerns 1892 entwickelte sich Bogenhausen zu einem vornehmen Stadtviertel mit Villen und großbürgerlicher Mietwohnungsbebauung, die erstmals an malerisch geschwungenen Straßenzügen, oft unter Einbeziehung natürlicher Gegebenheiten, lagen. Neben Bauten im Stil der Neorenaissance und des Neobarock finden sich hier zahlreiche Beispiele von **Jugendstilarchitektur**, vor allem in der **Holbeinstraße** (I H5) mit großen Mietshäusern vom Anfang des 20. Jh.s, ferner in der **Possartstraße**, der **Lucile-Grahn-Straße** sowie in der **Maria-Theresia-Straße** (I G/H 5), darunter die **Villa Bechtolsheim** (Nr. 27; I G4), 1896–98 von Martin Dülfer und Richard Riemerschmid als Münchens erster Jugendstilbau errichtet. Der geriffelte Putz sollte zu einem Stilmerkmal der Bauten Dülfers werden.

Friedensengel (I G5): Das weithin sichtbare Säulenmonument auf einer Terrassenanlage mit Nischen, doppelläufiger Freitreppe und Springbrunnen bildet den optischen Abschluss der Prinzregentenstraße gegen das am Hochufer der Isar gelegene Stadtviertel Bogenhausen. Das zum 25. Jahrestag des Friedensschlusses von 1871 mit Frankreich 1896–99 errichtete Denkmal gehört in die Reihe der im 19. Jh. beliebten Friedenssäulen (vgl. z. B. in Berlin). Über dem viereckigen Sockelbau mit Karyatiden, Medaillons mit Porträts (Hohenzollern, Wittelsbacher und Generäle) und Mosaiken erhebt sich die 23 Meter hohe korinthische Säule, die einen vergoldeten Bronze-›Engel‹ (Guss von Ferdinand von Miller) nach dem Vorbild einer antiken Figur der Göttin des Friedens Nike trägt.

◆ **Villa Stuck** (I G5): Das 1897/98 erbaute Wohnhaus mit dem 1914/15 hinzugefügten Ateliergebäude des letzten Münch- ner ›Malerfürsten‹ Franz Stuck zählt zu den bedeutendsten und

Villa Stuck, Musiksalon

noch weitgehend original erhaltenen Künstlerresidenzen Europas an der Schwelle vom 19. zum 20. Jh. Der äußerst erfolgreiche Maler schuf ein einzigartiges, sehr persönlich geprägtes Gesamtkunstwerk, in dem sich Architektur, Ausstattung und Musik mit seinem Leben zu einer Einheit verbinden. Dieses ›architektonische und künstlerische Selbstporträt‹ hatte er bis ins letzte Detail selbst entworfen. Das Wohnhaus, in dem sich auch das erste Atelier befand, ist ein kubischer Block mit flachen Eckrisaliten und moderner Gliederung in Form von Wandstreifen sowie einem vorgelagerten Säulenportikus. Davor steht Stucks berühmte Figur *Reitende Amazone*. Der Atelier-Anbau wirkt aufgrund der geometrisch-abstrakten Wandgliederung im Stil der Secession noch moderner. Im Inneren des Villengebäudes haben sich Vestibül, Empfangs- und Musikzimmer, Treppenhaus und Atelier, Meisterwerke der Raumkunst, erhalten. Stuck hat einen eigenwilligen Ausstattungsstil geschaffen, der Einflüsse der Antike, der Renaissance und der byzantinischen Kunst mit modernen Strömungen kombiniert. Überall sind farbig gefasste Kopien antiker Skulpturen in die Einrichtung integriert – Stuck war mit der sensationellen Wiederentdeckung der antiken Farbigkeit bestens vertraut. Für die Möbel des Empfangszimmers hat er auf der Weltausstellung 1900 in Paris die Goldmedaille gewonnen. Im Atelier ist auf einem altarähnlichen Aufbau Stucks berühmtes, provozierendes Gemälde *Die Sünde* ausgestellt, dessen erste Version von 1893 bei der ersten Ausstellung der Münchner Secession präsentiert wurde. Im **Museum** der Villa sind heute Werke von Stuck und der Kunst um 1900 sowie moderne und zeitgenössische Kunst ausgestellt.

Das **Prinzregententheater** (I H5) ist der erste in Stein errichtete Nachfolgebau des Bayreuther Festspielhauses, mit einem Zuschauerraum, dessen Sitzreihen wie beim antiken Amphitheater ansteigen und daher eine gute Sicht auf die Bühne gewähren, ferner mit rückwärtiger Logenreihe und verdecktem Orchestergraben. Das Theater wurde 1900/01 mit Unterstützung privater Sponsoren zur Aufführung der Opern Richard Wagners erbaut, nachdem das 1864–67 im Auftrag König Ludwigs II. geplante Wagner-Festspielhaus am Isarhochufer gescheitert war. Der Entwurf stammt von Max Littmann, einem der meistbeschäftigten Architekten seiner Zeit und zugleich Teilhaber der ausführenden Baufirma: Er kombinierte am Außenbau klassizistische Architekturformen mit Jugendstildekorationen, während er im Inneren (Foyers, Gartensaal, Zuschauerraum) Stilmittel der Neorenaissance anwendete. Nach Kriegsbeschädigungen wurde das Gebäude erst 1983–96 wiederhergestellt, der Gartensaal ist eine Rekonstruktion.

Hildebrandhaus (I G5): Das Wohn- und Atelierhaus, das Adolf von Hildebrand, der führende deutsche Bildhauer des späten 19. Jh.s, sich 1897/98 vom Architekten Gabriel von Seidl nach eigenen Vorstellungen erbauen ließ, fällt wesentlich zurückhaltender aus als die Künstlerhäuser seiner Kollegen Lenbach, Stuck und Kaulbach. Hildebrand ging es weniger um Selbstdarstellung nach außen als um ein privates Haus im Stil einer großbürgerlichen Villa, eingerichtet mit italienischen Möbeln und Gemälden seines Freundes Hans von Marées. Seit 1996 ist in den historischen Räumen die **Monacensia**-Bibliothek, ein Literaturarchiv Münchner Autoren (darunter der Nachlass von Thomas Mann) sowie eine Spezialbibliothek zur Stadtgeschichte Münchens untergebracht.

Bogenhausen, St. Georg (I H4): Mitten in einem idyllischen dörflichen Friedhof liegt diese äußerst sehenswerte kleine Kirche romanisch-gotischen Ursprungs. 1766–68 wurde sie vielleicht nach einem Entwurf des berühmten Architekten Johann Michael Fischer im Stil des Rokoko erneuert, eine Stiftung des Grafen August Joseph von Toerring, dem Besitzer des nahe gelegenen, heute zerstörten Schlosses Neuberghausen. Bedeutend ist vor allem die Ausstattung, darunter der Hochaltar mit kulissenhafter Bühnenarchitektur, die die freiplastische Reiterfigur des hl. Georg des bedeutenden Bildhauers Johann Baptist Straub rahmt; von Straub stammen auch die Seitenfiguren, während der rechte Seitenaltar mit dem *Hl. Korbinian* und die Kanzel auf Matthäus Günther zurückgehen. Sehenswert sind auch die Grabdenkmäler der Stifterfamilie, wie das der Gräfin Maria Josepha von Toerring (Straub, 1755).

Bogenhausen, St. Johann von Capistran (Gotthelfstraße 5; s. Übersichtskarte), 1959/60 vom Münchner Architekten der Moderne Sep Ruf geschaffen, ragt unter den zahlreichen, nach dem Zweiten Weltkrieg infolge des Bevölkerungszuwachses errichteten Kirchenneubauten heraus. Im kreisrunden Ziegelbau mit Oberlicht ist der Altar inmitten der Kirchenbänke und der Gemeinde zugewendet aufgestellt – noch bevor diese Lösung nach dem Zweiten Vatikanischen Konzil üblich wurde. Ein markantes Motiv des Außenbaus sind die 22 dünnen Stahlstützen, die den Bau umgeben und das überstehende Dach tragen. Die Ausstattung mit wenigen Skulpturen und Glasfenstern stammt von damals bekannten Künstlern, darunter Josef Henselmann.

Verwaltungszentrum der HypoVereinsbank (Arabellastraße 12; s. Übersichtskarte): Das 1975–81 von den Architekten Walter und Bea Betz erbaute monumentale Hochhaus stellt bautechnisch und ästhetisch eine Besonderheit dar. Die prismatischen Baukörper für die Büros sind durch eine Art ›Klammern‹ mit aluminiumverkleideten Rundpfeilern verbunden: Diese ›Klammern‹ tragen die Geschosse darüber, während die unteren Geschosse daran aufgehängt sind.

Oberföhring, Sammlung Goetz (Oberföhringerstraße 103; s. Übersichtskarte): Die Sammlerin Ingvild Goetz ließ für ihre Privatsammlung zeitgenössischer Kunst 1989–92 vom Basler Architekturbüro Herzog & de Meuron, das damals noch nicht international bekannt war, einen strengen, kubischen Ausstellungsbau mit lichtspendenden Glasbändern anlegen. 2004 entstand durch Umbauten im Inneren der Medienbereich BASE 103.

Johanneskirchen, St. Johann Baptist (Gleißenbachstraße 2; s. Übersichtskarte): Die spätromanische Chorturmkirche (das Erdgeschoss des Turms dient als Chor) aus dem späten 13. Jh. bildet zusammen mit der umliegenden Wehranlage auf einem künstlichen Hügel und dem noch bäuerlichen Dorfkern ein sehenswertes, im Münchner Stadtgebiet einzigartiges Ensemble. Der Innenraum wurde 1688 barock umgestaltet. Hervorzuheben ist der aufwendige spätbarocke Hochaltar von Ignaz Günther (um 1760), der aus einer anderen Kirche hierher übertragen wurde.

Englschalking, St. Nikolaus (Flaschenträgerstraße 1; s. Übersichtskarte) ist eine der wenigen gut erhaltenen dörflichen

Chorturmkirchen der Spätromanik des 13. Jh.s, umgeben vom alten Dorfkern mit Wirtshaus. Die reiche Barockausstattung wurde bei einer Restaurierung 1956 wegen Beschädigungen entfernt.

Das **Maximilianeum** (I G6), 1857–74 von Friedrich Bürklein zusammen mit der Maximilianstraße (s. S. 89) am Isarhochufer erbaut, bestimmte König Max II. zur Ausbildungsstätte besonders begabter bayerischer Studenten, die sich für den höheren Staatsdienst eigneten. Der 1850 ausgeschriebene Architekturwettbewerb forderte für den Entwurf, das Vorbild der Gotik mit anderen historischen Stilen sowie mit den neuen technischen Errungenschaften zu verbinden. Die breitgelagerte, auf einen hohen Sockel gehobene Anlage erhielt auf der Stadtseite eine kulissenartig auf Fernsicht ausgebildete, zweigeschossige Schauseite mit steilen Arkaden beziehungsweise Fenstern. Die ursprünglich geplanten, für den Maximilianstil üblichen Spitzbögen musste Bürklein auf Verlangen des Königs durch Rundbögen ersetzen. Nach dem Zweiten Weltkrieg wurde das Gebäude zum Sitz des Bayerischen Landtags ausgebaut und 1958/59, 1964/65 sowie 1989 durch Neubauten erweitert. Im Inneren sind in verschiedenen Räumen (u. a. der Studienstiftung Maximilianeum) Gemälde von Wilhelm von Kaulbach, Julius Schnorr von Carolsfeld und anderen, die die wichtigen Ereignisse der Weltgeschichte darstellen, verteilt (Historische Galerie).

Haidhausen, Herbergshäuser (An der Kreppe 1 und 3, Preysingstraße 56, 58, 60, 64, 66, 68, 70, Wiener Platz 4–6; I G6/7): Von diesen einfachen, oft aus Holz gezimmerten Häusern, die seit dem 17. Jh. für die unteren sozialen Schichten in den Vororten jenseits der Isar entstanden, haben sich nur noch diese wenigen Beispiele erhalten. Die Bewohner konnten hier Eigentum an einzelnen Stockwerken oder Zimmern erwerben.

Haidhausen, Alt-St. Johann Baptist (I H6): Die Kirche des einstigen Dorfes Haidhausen bildet heute mit dem angrenzenden Friedhof mitten in der Großstadt ein malerisches Ensemble. Die spätgotische Kirche wurde 1698–1700 vermutlich vom Münchner Stadtmaurermeister Martin Gunetzrhainer barock umgebaut. Neben der Ausstattung mit Altären, Skulpturen und einer Kanzel des 17. bis 19. Jh.s ist ein überlebensgroßer Kruzifix des 15. Jh.s zu erwähnen.

Haidhausen, Pfarrkirche St. Johann Baptist (I G6): Als im 19. Jh. die alte Dorfkirche für die anwachsende Bevölkerung des Stadtteils zu klein wurde, plante man eine neue Pfarrkirche. Der 1852–74 nach dem Vorbild der Mariahilfkirche im Stadtviertel Au errichtete neugotische Kirchenbau (Architekt Matthias Berger) präsentiert sich heute in purifizierter Gestalt der 50er und 60er Jahre des 20. Jh.s, verfügt aber noch über den einzigen erhaltenen Zyklus neugotischer Glasfenster in München (1903–18).

♦ **Müllersches Volksbad** (I F7): Das 1897–1901 nach Plänen von Carl Hocheder erbaute erste öffentliche Hallenbad Münchens war eine Stiftung des wohlhabenden Zivilingenieurs und Unternehmers Karl Müller für das »unbemittelte Volk«, in dessen Wohnungen es damals meist kein fließendes Wasser gab. Das Volksbad, das seinerzeit als eines der modernsten Europas galt, zählt heute zu den ganz wenigen erhaltenen Beispielen aus der Zeit um 1900. Für die Wahl des Standorts direkt an der Isar war neben wassertechnischen Vorteilen auch die Nähe zu den Arbeitervierteln Au, Giesing und Haidhausen ausschlaggebend. Den breit gelagerten, aus mehreren Trakten für die unterschiedlichen Funktionsbereiche komponierten Bau beherrscht ein hoher Turm mit Uhr und Jugendstilornamenten. Gemäß der Trennung der Geschlechter besteht die Anlage aus einer großen Schwimmhalle für Männer, einem großen gewölbten Raum mit umlaufenden Emporen nach Art

Müllersches Volksbad

barocker Kirchenschiffe, sowie einer überkuppelten Damenschwimmhalle; ferner einem von antiken römischen Thermen inspirierten, kreisrunden römisch-irischen Schwitzbad, einem Vorläufer der Sauna, sowie ehemals 86 Wannen-, 22 Brausebädern und einem Hundebad. Auch Moor-, Licht- und Solbäder wurden angeboten. Die bis ins Detail erhaltene Ausstattung (etwa Umkleidekabinen und Beleuchtung) verrät Einflüsse des Jugendstils.

Deutsches Museum von Meisterwerken der Naturwissenschaft und Technik (I E/F7): 1903/04 gründete der Ingenieur und Techniker Oskar von Miller auf der Museumsinsel in der Isar das erste ausschließlich den Naturwissenschaften und der Technik gewidmete Museum der Welt. Mit seinen seitdem kontinuierlich ausgebauten Sammlungen von mittlerweile rund 28 000 ausgestellten Objekten aus etwa 50 Bereichen gilt es als weltweit führendes Museum seiner Art; jährlich wird es von etwa 1,5 Millionen Besuchern besichtigt. Oskar von Miller, Sohn des berühmten Münchner Erzgießers Ferdinand von Miller, interessierte sich vor allem für die Nutzungsmöglichkeiten der neu entdeckten Elektrizität und baute nach der ersten Starkstromleitung von 1889 in ganz Europa Elektrizitätswerke. Er wusste wichtige Persönlichkeiten aus Wissenschaft und Industrie, darunter Wilhelm Conrad Röntgen, Carl von Linde, Rudolf Diesel, Max Planck und Gustav Krupp, für die Museumsgründung zu gewinnen und zum Spenden von Ausstellungsobjekten zu bewegen. Es gehörte von Anfang an zu den erklärten Zielen des Museums, dem interessierten Laien auf verständliche Weise die naturwissenschaftlich-technischen Erkenntnisse und Entwicklungen sowie ihre Auswirkungen auf die verschiedenen Lebensbereiche nahezubringen. Die Sammlungen umfassen u. a. die Themengebiete Astronomie, Bergbau, Foto und Film, Geodäsie, Informatik und Mikroelektronik, Luft- und Raumfahrt, Mathematik, Musikinstrumente, Nano- und Biotechnologie, (Atom-)Physik, Schifffahrt, Telekommunikation, Tunnel- und Wasserbau sowie das Zentrum Neue Technologien. Dem Museum sind mehrere Forschungsinstitutionen, eine Spezialbibliothek und eine Studiensammlung angeschlossen. Einige Bereiche sind in das Verkehrszentrum auf der Theresienhöhe, die Flugwerft Schleißheim und das Deutsche Museum in Bonn ausgelagert.

Das Museum besteht aus mehreren, 1908–35 errichteten Gebäudekomplexen, die die Geschichte moderner Bautechniken des frühen 20. Jh.s veranschaulichen. Den ursprünglichen Kern bildet der 1908–25 vom prominenten Münchner Architekten Gabriel von Seidl, Sieger des Wettbewerbs, entworfene Sammlungsbau, einer der ersten größeren Stahlbetonbauten und mit einer für die damalige Zeit verhältnismäßig strengen Fassadengliederung, die wohl die Modernität der Technik auch architektonisch demonstrieren sollte. Der 1928–32 nach Plänen von German Bestelmeyer auf der Nordseite angefügte Bibliotheks- und Verwaltungsbau mit völlig schmucklosen, nur von Fenstern gegliederten Fassaden war damals eine hochmoderne Stahlskelettkonstruktion. Mit dem 1935/36 erbauten Kongresssaal, ebenfalls von Bestelmeyer, entstand eine der größten Stahlbetonhallen ihrer Zeit. Seit 1990 hat der Bau verschiedene Funktionen übernommen und wird aktuell zur musealen Nutzung umgebaut. In der NS-Zeit kam die Kraftfahrzeughalle von Museumsdirektor Karl Bäßler in der zeittypischen monumentalen Architektursprache hinzu. Nach schweren Kriegszerstörungen wurden die Gebäude bis 1955 wiederhergestellt und durch Neubauten ergänzt, darunter 1978–82 die Halle für Luft- und Raumfahrttechnik von Sepp Ruf.

Mariahilfkirche in der Au (Mariahilfplatz 42; I F7), 1832–1839 von Joseph Ohlmüller erbaut, war die erste neugotische Kirche in München. Nach der Zerstörung 1944, der auch die Glasfenster von Heinrich Heß zum Opfer fielen, wurde das Kircheninnere so vereinfacht wiederaufgebaut, dass der alte Raumeindruck verloren ging.

Baumkirchen, St. Stephan (Baumkirchnerstraße 45; s. Übersichtskarte): Die schon im 9. Jh. bezeugte ehemalige Pfarrkirche gilt als älteste in Urkunden erwähnte Kirche im Münchner Raum. Der heutige Bau entstand um 1510 als letzte gotische Kirche der Region. Die barocke Umgestaltung des 18. Jh.s wurde im 19. und 20. Jh. rückgängig gemacht. Der Turmhelm ist der älteste erhaltene Münchens.

Berg am Laim, St. Michael (Clemens-August-Straße 9a; s. Übersichtskarte), eines der bedeutendsten Gesamtkunstwerke des süddeutschen Rokoko, verdankt sich der Zusammenarbeit von drei namhaften Künstlern der Zeit: dem Architekten Johann Michael Fischer, dem Freskomaler und Stuckateur Johann Baptist Zimmermann und dem Bildhauer Johann

Berg am Laim, St. Michael

Baptist Straub. Die Hofmark Berg am Laim war im Besitz der zweitgeborenen Söhne der Wittelsbacher Herrscher, die traditionell den Kurfürsten und Erzbischof von Köln stellten. Erzbischof Joseph Clemens ließ hier 1692 in seinem Schloss eine Michaelskapelle erbauen, die als bayerischer Monte Gargano (nach dem Vorbild in Apulien) dienen sollte, neben Mont-Saint-Michel das populärste Michaelsheiligtum des Abendlandes. Für die Kapelle stiftete er eine Laienbruderschaft und den adeligen Michaelsritterorden zur Verteidigung des christlichen Glaubens. Sein Nachfolger im Amt des Kölner Erzbischofs Clemens August ließ 1738–51 die heutige Kirche als kurkölnische Hof-, Ritterordens- und Bruderschaftskirche errichten. Die repräsentative Doppelturmfassade, die auf eine Idee von Philipp Jakob Köglsperger zurückgeht, ist als fernwirksame Schaufront auf eine nicht mehr ausgeführte Straße nach München ausgerichtet. Dank der zweigeschossigen Säulen- und Pilastergliederung schließen sich die Türme mit dem vorgewölbten Mittelteil zu einer Einheit zusammen.

Das **Innere** gestaltete Fischer aus funktionalen Gründen als Abfolge mehrerer, unterschiedlich geformter Zentralräume. Der Hauptraum für die Erzbruderschaft hat die Form eines zum Kreuz erweiterten Achtecks mit kurvig geschwungenen Wänden und Arkaden. Der anschließende kleine Raum für den Ritterorden ist hingegen ein einfaches Achteck mit geraden Wänden. Der Chorraum wird wie auch die Vorhalle aus einem Queroval gebildet. Die Stützenpaare aus marmorierten Pilastern und Säulen an den Kanten der Oktogone, das umlaufende, geschwungene Gebälk und die sphärischen Arkaden bzw. Stichkappen mit Fenstern binden die Raumfolge zu einem prospektartigen Ganzen zusammen, das an barocke Theaterarchitektur erinnert. Charakteristisch für Fischer sind die dominante Rolle des architektonischen Gliedergerüstes der Säulenordnung und die zurückhaltend eingesetzte Stuckdekoration, die die Struktur nicht verschleiert. Die Altäre von Straub, insbesondere der Hochaltar und die beiden großen Seitenaltäre, fügen sich perfekt in die gebaute Architektur ein. Die Deckenfresken von Zimmermann (1743/44) veranschaulichen die Rolle der Kirche als neues Gargano-Heiligtum: Dargestellt sind die drei Erscheinungen des Erzengels Michael auf dem Monte Gargano. In der Hauptkuppel des Bruderschaftsraums verzichtet Zimmermann wie auch in seinen anderen Werken auf die illusionistisch gemalte Architektur, die in der barocken Deckenmalerei in Italien und zunächst auch in Bayern verbreitet war, und zeigt eine Lösung, die typisch für das Rokoko in Süddeutschland war: Nach Art eines Rundpanoramas wird der Rand des Freskos von der irdischen Zone der Landschaft und den historischen Szenen besetzt. Darüber öffnet sich der Himmel mit dem Erzengel.

Ramersdorf, St. Maria Himmelfahrt (Aribonenstraße 9; s. Übersichtskarte): Die im alten Dorfkern gelegene, von einem Friedhof umgebene Kirche gehört zu den ältesten Marienwallfahrtsstätten in Bayern. Nachdem 1377 eine Kreuzreliquie von Kaiser Ludwig IV. dem Bayern hierher gelangte, nahm die Bedeutung des Wallfahrtsorts noch zu. Daraufhin wurde Anfang des 15. Jh.s die heutige gotische Kirche erbaut. Im Zuge der Umgestaltung im frühbarocken Stil 1675 stuckierte man das Gewölbe, ohne dessen gotische Struktur aufzugeben, und errichtete neue Altäre. Gleichwohl haben sich noch Teile der beachtenswerten spätgotischen Ausstattung erhalten: im barocken Hochaltar das wundertätige, verehrte Gnadenbild *Maria mit Kind*, um 1470, sowie der Kreuzaltar (ehemals vor dem Chor aufgestellt, heute linke Langhauswand) mit Reliefs von Erasmus Grasser (1483) und Gemälden auf den Seitenflügeln (*Geschichte der Kreuzreliquie*), die Jan Polack zugeschrieben werden; an der rechten Langhauswand die ebenfalls Jan Polack zugeschriebene *Schutzmantelmadonna* von 1503.

Giesing, Hl. Kreuz (Ichostraße 1; s. Übersichtskarte): Als Ersatz für die alte Dorfkirche aus dem 12. Jh. entstand 1866–86 mit finanzieller Unterstützung von König Ludwig I. eine neue größere Pfarrkirche für den Vorort Giesing, der 1854 zusammen mit der Au und Haidhausen der Stadt München eingemeindet worden war. In städtebaulich exponierter Lage errichtete der königliche Hofbaudirektor Georg Dollmann, auf den auch Schloss Neuschwanstein zurückgeht, eine neugotische Hallenkirche mit dominantem Eingangsturm. Als Vorbild diente ihm neben mittelalterlichen Beispielen der Gotik wie das Freiburger Münster auch die Mariahilfkirche in der Au, Münchens erster neugotischer Sakralbau. Im Unterschied dazu erweiterte er das Langhaus um ein Querhaus. Sehenswert ist die von Bürgern gestiftete Ausstattung (Altäre, Kanzel, Orgelempore, Kreuzwegstationen), die sich mit Ausnahme der Glasfenster als einziges neugotisches Beispiel Münchens erhalten hat.

Perlach, St. Michael (Pfanzeltplatz 1; s. Übersichtskarte): Die romanische Kirche wurde 1728 durch einen barocken Neubau nach dem Entwurf von Johann Mayr, Schwiegervater des prominenteren Architekten Johann Michael Fischer, ersetzt. Die einschiffige Wandpfeilerkirche mit Einturmfassade ist ein qualitätvolles Beispiel spätbarocker Architektur in der Umgebung Münchens, in der die originale Farbigkeit rekonstruiert werden konnte (1951/52 wiederaufgebaut).

Harlaching, St. Anna (Harlachinger Berg 30; s. Übersichtskarte): Die seit dem 12. Jh. bezeugte kleine Wallfahrtskirche am Isarhochufer wurde 1632 im Dreißigjährigen Krieg schwer zerstört und danach wiederaufgebaut. Die heutige Kirche und ihre Ausstattung im Rokokostil gehen auf das 18. Jh. zurück. Besonders zu erwähnen sind die Gewölbefresken mit Szenen aus dem Leben der hll. Anna und Joachim, 1765 von Franz Michael Zimmermann ausgeführt; ferner der Hochaltar von Ignaz

Günther (1754), der das Gnadenbild *Hl. Anna Selbdritt* von 1500 umfasst, zu dem die Wallfahrt stattfand. In die Seitenaltäre sind kleine Bilder mit kostbaren Rahmen nach Entwürfen von François Cuvilliés (1744/45) eingefügt, die zu den Meisterwerken des bayerischen Rokoko zählen.

Der **Tierpark Hellabrunn** (Tierparkstraße 30; s. Übersichtskarte) wurde 1910–28 unter Ausnutzung der natürlichen landschaftlichen Gegebenheiten des Hanggeländes, der Isarauen und eines Seitenarms des Flusses angelegt. Zu den architektonischen Besonderheiten der Anlage gehört das Elefantenhaus des Architekten Emanuel von Seidl, damals das größte Tierhaus der Welt und wegen der ersten freitragenden Beton-Glas-Kuppel von 18 Metern Höhe eine Sensation. 1972–2000 wurde der Tierpark stetig ausgebaut, u. a. mit der Volière von Jörg Griebl (1980), einer Seilnetzkonstruktion, die vom Zeltdach des Olympiastadions inspiriert ist. Der erste nach geografischen Gesichtspunkten angelegte Zoo ist heute mit rund 19 000 Tieren und 787 Arten der größte und landschaftlich reizvollste Tierpark Europas.

Kaufhaus Hertie (jetzt Karstadt; II C5): Das ehemalige Warenhaus Tietz, 1904/05 von Münchens bekanntem Jugendstilarchitekten Max Littmann errichtet, zählt zu den ersten Kaufhausbauten der Stadt. Die nach den damals neuesten bau- und brandschutztechnischen Prinzipien angelegte Stahlbetonkonstruktion wurde mit Fassaden verkleidet, deren horizontale Fensterbänder und Giebel in Anpassung an das historische Stadtbild eine kleinteilige Häuserstruktur vortäuschen. Der ovale Lichthof nach dem Vorbild der Galerie Lafayette in Paris und der Jugendstildekor im Inneren sind nach den Kriegszerstörungen nicht mehr rekonstruiert worden.

Ehemalige **Oberpostdirektion und Paketzustellamt** (Arnulfstraße 60, 62): Im Anschluss an den riesigen Komplex der Oberpostdirektion von 1922–24 errichtete Robert Vorhoelzer, der Leiter des Münchner Baubüros der Reichspost und Vertreter des modernen Bauens in München, zusammen mit Walther Schmidt und Franz Holzhammer 1925/26 das Paketzustellamt. Den Kern bildet ein Rundbau, eine Stahlbetonhalle mit Glaskegel, deren Gestalt ganz aus dem technischen Arbeitsablauf entwickelt war. Heute Veranstaltungszentrum unter dem Namen Postpalast.

St. Paul (St.-Pauls-Platz 11, s. Übersichtskarte) ist neben Hl. Kreuz in Giesing die einzige erhaltene neugotische Kirche Münchens. Der 1892–1902 von Georg von Hauberrisser, dem Architekten des Neuen Rathauses, errichtete monumentale Kirchenbau manifestierte den Anspruch der gehobenen bürgerlichen Schicht, die sich im neuen Viertel der Ludwigsvorstadt ansiedelte. In typisch historistischer Manier kombinierte der Architekt verschiedene Stilphasen der Gotik, so etwa die Weiträumigkeit spätgotischer deutscher Stadtpfarrkirchen mit der Wandgliederung und den Gewölbeformen der französischen Kathedralgotik des 13. Jh.s. Im Zweiten Weltkrieg ging die Innenausstattung größtenteils verloren und wurde im Zuge der Restaurierung von 2004 durch moderne Werke ersetzt.

Die **Ruhmeshalle** mit der **Bavaria** (Theresienhöhe 16; s. Übersichtskarte) am Hang oberhalb der Theresienwiese war neben der Walhalla bei Regensburg und der Befreiungshalle in Kelheim das dritte Nationaldenkmal, das König Ludwig I. in Auftrag gab: Hier sollten die Büsten verdienter Bayern – Künstler, Geistesgrößen, Ingenieure, Ärzte und Generäle – aufgestellt werden. Den 1833 ausgeschriebenen Wettbewerb gewann Leo von Klenze mit dem Entwurf einer U-förmigen Säulenhalle dorischer Ordnung, die von Karl Friedrich Schinkels Projekt eines Denkmals für Friedrich d. Gr. in Berlin angeregt war. Das 1843–53 errichtete Bauwerk fungiert als architektonische Rahmung für die 18,5 Meter hohe Kolossalplastik der *Bavaria*, der Verkörperung Bayerns, die Klenze nach antiken Vorbildern entworfen hatte, der Bildhauer Ludwig von Schwanthaler aber ins ›Germanische‹ abwandelte. Die von Ferdinand von Miller und Johann Baptist Stiglmaier in der königlichen Erzgießerei mit großem technischen Aufwand und nicht ohne Schwierigkeiten in Bronze gegossene Figur wurde als erste Kolossalplastik der europäischen Kunst seit der Antike gefeiert – dementsprechend intensiv wurde auch die Werbetrommel gerührt. Ludwig I. sah das Werk nicht ohne Stolz in Konkurrenz zur Kolossalstatue des römischen Kaisers Nero. Zu Füßen des Monuments liegt die **Theresienwiese**, Schauplatz des weltberühmten Oktoberfestes, das auf das Volksfest zurückgeht, das hier 1810 anlässlich der Hochzeit von Kronprinz Ludwig mit Therese von Sachsen-Hildburghausen veranstaltet wurde. Zunächst nur ein Pferderennen und ein Schauspiel, kamen bald ein vom Landwirtschaftsverein organisierter Viehmarkt und ab 1818 das erste Karussell und Bierbuden hinzu, bis sich die Veranstaltung zum heute größten Volksfest der Welt ausweitete.

Ledigenheim für Männer (Bergmannstraße 35; s. Übersichtskarte): In seinem Spätwerk von 1925–27 griff der prominente Münchner Architekt und Städteplaner Theodor Fischer den Stil des »Neuen Bauens« auf. Das Wohnheim gehört neben den Postbauten von Robert Vorhoelzer und den Werken von Otho Orlando Kurz zu den wenigen Beispielen der Münchner Moderne der zwanziger Jahre. Den schmucklosen, aus mehreren Blöcken komponierten Außenbau bestimmen Ziegelflächen, Sichtbetonbalken und weiß gerahmte Fenster.

Anatomie (Pettenkoferstraße 11; s. Übersichtskarte): Das im Klinikviertel 1905–07 errichtete anatomische Institut des Architekten Max Littmann gehört zu den ersten Stahlbetonbauten in Deutschland. Das neue Baumaterial bestimmt zudem die formale Gestaltung des Baus. Um den halbkreisförmigen, zweigeschossigen Präpariersaal mit Kuppel ordnen sich wie ›Apsiden‹ die Arbeitsräume für die Studenten an – eine Lösung ohne Vorbilder im Universitätsbau.

Postamt und Wohngebäude am Goetheplatz (Goetheplatz 1; s. Übersichtskarte): Die 1931/32 von Robert Vorhoelzer und Walther Schmidt errichtete Anlage zählt zu den herausragenden, aber wenig bekannten Beispielen des »Neuen Bauens« im funktionalistischen Stil des Bauhauses in Deutschland – eine führende Strömung der modernen Architektur des 20. Jh.s, die in München nur mit wenigen Bauten vertreten ist, meist Postgebäude zusammen mit Wohnanlagen, die auf die Initiative der Münchner Bauabteilung des Reichspostministeriums und ihren Leiter Vorhoelzer zurückgehen. Die Post am Goetheplatz passt sich dank der elegant geschwungenen Fassade perfekt in das trapezförmige Eckgrundstück zwischen zwei einmündenden Straßen ein, setzt zugleich aber einen Akzent: Die Einbuchtung der Front nimmt auf den Platz Bezug, die turmartige Eckabrundung leitet zur Lindwurmstraße über. Die schlichte, weiß verputzte Fassade ohne Dekoration, putzbündige Fensterbänder im Erd- und ersten Obergeschoss für die Postdiensträume sowie einfache Fenster in den Geschossen darüber mit den Wohnungen und das Flachdach – all dies sind Merkmale des »Neuen Bauens«. Weitere Postämter dieses Stils befinden sich am Harras, in der Fraunhoferstraße und in der Tegernseer Landstraße.

Pasinger Villenkolonie und **Wohnhaus Richard Riemerschmid** (Lützowstraße 11; s. Übersichtskarte): Der Architekt und Unternehmer August Exter erwarb Ende des 19. Jh.s billiges Bauland vor der Stadt und unterteilte es in regelmäßige Parzellen, um darauf 1892 die erste Pasinger Villenkolonie mit »schlüsselfertigen Musterhäusern« für eine mittelständische Käuferschicht zu errichten. Die Siedlung ist ein wichtiger Vorläufer für die 1909 gegründete Gartenstadt Hellerau von Richard Riemerschmid bei Dresden. Das 1898–1907 erbaute großzügige Wohnhaus des Münchner Jugendstilarchitekten in der zweiten Pasinger Villenkolonie von 1998 weicht deutlich von den standardisierten Kleinhäusern des Viertels ab: Die malerisch gruppierte Anlage von Wohnhaus, Wirtschaftstrakt und Atelierbau ahmt den englischen Landhausstil der Zeit nach. Das Anwesen ist fast unverändert erhalten, einschließlich der Innenausstattung.

◆ **Schloss Nymphenburg, Schlosspark und Parkburgen** (Schloss Nymphenburg 1; s. Übersichtskarte): Der Sommersitz der bayerischen Herzöge und Könige, eine der größten und bedeutendsten Schlosskomplexe in Deutschland, ist in seiner heutigen Gestalt mit Hauptschloss, Parkanlage und mehreren kleinen Parkburgen das Ergebnis von Baumaßnahmen des 17.–19. Jh.s. Der Ursprung geht auf die Initiative von Kurfürstin Henriette Adelaide zurück, den Gutshof mit landwirtschaftlichem Betrieb, den sie 1663 von ihrem Gemahl zum Dank für die Geburt des lang ersehnten Thronfolgers geschenkt bekommen hatte, zu einem standesgemäßen Landsitz im italieni-

Bernardo Bellotto (gen. Canaletto), *Schloss Nymphenburg* (1761); Residenz

schen Stil umzubauen. Die Auftraggeberin der Theatinerkirche ließ 1664–80 wahrscheinlich von den Architekten Agostino Barelli und Antonio Spinelli den kubischen Mittelpavillon mit niedrigeren Galeriebauten und einem geometrischen italienischen Garten nach dem Vorbild von Landschlössern ihrer Heimatstadt Turin anlegen. Dieser Kernbau wurde im 18. Jh. unter den Kurfürsten Max Emanuel und Karl Albrecht durch die Hofarchitekten Enrico Zucalli, Giovanni Antonio Viscardi, Joseph Effner und François Cuvilliés in mehreren Phasen zum heutigen streng symmetrisch angeordneten Ensemble aus verschieden großen, gestaffelten Pavillonbauten und Galerien erweitert. Den maßgeblichen Entwurf für die Gesamtanlage aus Schloss, vorgelagertem halbrundem Rondell mit Kavaliershäuschen für Verwaltungsbeamte des Schlosses, geometrischer barocker Gartenanlage und Parkburgen schuf Effner 1715 zusammen mit dem französischen Gartenarchitekten Dominique Girard, die mit Kurfürst Max Emanuel aus dem Pariser

Exil nach München gekommen waren. Die Allee für die Zufahrt aus der Stadt, Rondell, Wasserbassin, Schloss, Wasserkanäle und Park waren über einer drei Kilometer langen gemeinsamen Mittelachse angelegt und bildeten zusammen eine untrennbare Einheit. Die streng geometrische Gestaltung des weiträumigen Areals kann als Sinnbild barocker Fürstenmacht über ein weiträumiges Territorium verstanden werden. Die Wasserzufuhr in die Kanäle, Bassins und Springbrunnen erfolgte über einen eigens angelegten Zuflusskanal, der aus dem Flüsschen Würm gespeist wurde und Teil eines großen Kanalnetzes war, das auch die Schlösser in Schleißheim und Dachau miteinbezog. Effner war auch für die Umgestaltung des Mittelpavillons mittels großer Rundbogenfenster und einer Pilastergliederung sowie für die Innenausstattung der Appartements und für den Bau einiger kleiner Parkburgen verantwortlich. Effners Nachfolger Cuvilliés legte unter Kurfürst Karl Albrecht 1729–39 die Amalienburg im Park und die Wohnpavillons des Rondells an. Im mittleren der nördlichen Häuser ist seit 1761 die berühmte, noch heute dort aktive Nymphenburger Porzellanmanufaktur untergebracht. Ab der Mitte des 18. Jh.s und im 19. Jh. wurde neben Veränderungen der Innenausstattung im Hauptschloss vor allem die Umwandlung des Barockgartens in einen englischen Landschaftsgarten unternommen.

Das Zentrum des **Hauptschlosses**, der Mittelpavillon, gliedert sich in den Festsaal und die symmetrisch zu beiden Seiten liegenden Appartements für Kurfürst und Kurfürstin, jeweils bestehend aus Vorzimmer, Audienzzimmer, Schlafzimmer und Kabinett. Die zentrale Position des Festsaals, auch Steinerner Saal genannt, gehört ebenso wie der direkte Zugang von der Außentreppe aus dem Garten zu den typischen Merkmalen italienischer Landsitze. Unter Kurfürst Max III. Joseph erhielt der mit Kolossalpilastern gegliederte Raum 1755–57 eine

Plan der Schlossanlage Nymphenburg

Rokoko-Dekoration von Cuvilliés und Franz Xaver Feuchtmayr und ein Deckenfresko von Johann Baptist Zimmermann. Dargestellt ist Apoll mit dem Wagen des Sonnengottes über dem Regenbogen, begleitet von anderen antiken Göttern des olympischen Himmels, die wie der regierende Fürst Wohlstand und Blüte des Landes, wo die Göttin Flora mit den Nymphen zu sehen ist, garantieren. In einigen Räumen der Appartements haben sich noch die Deckenfresken aus der ersten Bauzeit unter Kurfürstin Henriette Adelaide erhalten (17. Jh.; nördliches Appartement: Vorzimmer und Schlafzimmer; südliches Appartement: Vorzimmer, Audienzzimmer, Schlafzimmer; Chinesisches Lackkabinett hingegen erst von Cuvilliés 1763/64). Der Salon des südlichen Pavillons beherbergt die Schönheitengalerie Ludwigs I., 36 Porträts schöner Münchner Damen, gemalt von Joseph Stieler, darunter die Geliebte des Königs, die vermeintlich ›spanische‹ Tänzerin Lola Montez.

Vor der Gartenseite des Schlosses breitet sich der **Schlosspark** aus. Das Große Parterre, eine regelmäßig gestaltete Fläche, und der anschließende Mittelkanal mit den beidseitigen Alleen und der Wasserkaskade am Ende bilden die letzten Reste des ehemaligen Barockgartens, dessen schnurgerade Alleen, Wasserläufe, Beete, Baum- und Heckenbepflanzung ein geometrisches Muster bildeten. Das Gartenparterre säumen seit dem späten 18. Jh. Marmorvasen und -figuren antiker Götter, u. a. von Ignaz Günther, Johann Baptist Straub und Roman Anton Boos. Seit Anfang des 19. Jh.s ist das Areal links und rechts des Mittelkanals als englischer Garten angelegt, eine scheinbar natürlich gewachsene Landschaft mit kleinen Hügeln und Senken, Seen, gewundenen Wegen und Wasserläufen.

Wie in Versailles liegen im Schlosspark verstreut mehrere kleine Gartenbauten, für das 18. Jh. typische intime Lustschlösser, die ehemals in die geometrische Ordnung des Barockgartens eingebunden und nicht zum Wohnen gedacht waren, sondern für kurze Aufenthalte mit zwangloserem Hofzeremoniell. Die **Amalienburg**, Deutschlands berühmtestes Rokokoschlösschen, war ein Geschenk des Kurfürsten Karl Albrecht an seine jagdbegeisterte Gattin, die Habsburger Kaisertochter Maria Amalia, nach der der kleine Jagdsitz benannt ist. Von der Dachterrasse schoss die Kurfürstin mit Vorliebe Fasanen. Der Bau wurde 1734–39 von François Cuvilliés errichtet und unter seiner Leitung von Johann Baptist Zimmermann und anderen Künstlern ausgestattet. Cuvilliés, der seine Karriere in München als Hofzwerg begonnen hatte, wurde in Paris ausgebildet und vermittelte von dort den Rokokostil nach Bayern. Von französischen kleinen Lustschlössern, den *maisons de plaisance*, ist die symmetrisch angeordnete, ebenerdige Raumfolge inspiriert, die sich zu beiden Seiten eines kreisrunden Mittelsaals entwickelt, der sich auf der Eingangsseite nach außen vorwölbt. Anstelle der langen Saalfluchten der großen Residenzen gibt es nur wenige intime, wohl proportionierte Räume für die Rast nach der Jagd. An der vornehm zurückhaltend gegliederten Eingangsfassade verweisen die stuckierten Jagdtrophäen und die Göttin Diana im Giebel auf die Funktion des Baus. Im weltberühmten zentralen Spiegelsaal, dem Hauptraum, scheint es keine festen Raumgrenzen mehr zu geben, da sich die Wände in großen Spiegeln und Fenstern ›auflösen‹ beziehungsweise mit silbern schimmerndem Rokokodekor auf blauem Grund überzogen sind. Der Zierrat aus Nymphen, Putten, Tieren, Pflanzen, Sinnbildern der Jagd und Ornamenten schafft gleichsam schwerelose Flächen und lässt den Übergang von Wand und Decke verschwimmen. Wie in der Residenz hat Cuvilliés hier eine eigene Variante der Rokoko-Dekoration geschaffen, die sich im Unterschied zu den französischen Vorbildern frei von vertikalen und horizontalen Rahmen entfaltet. Im Ruhezimmer erscheint das Kurfürstenpaar in Porträts, die, typisch für das Ro-

Amalienburg, Spiegelsaal

koko, fest in die dekorierte Wandverkleidung eingefügt sind. Von den Nebenräumen sind die Küche mit den weiß-blauen holländischen Kacheln, die zu ganzen Bildern zusammengefügt sind, sowie die Hundekammern mit den Gewehrschränken sehenswert.

Die 1725–28 vom Hofarchitekten Joseph Effner für Kurfürst Max Emanuel erbaute **Magdalenenklause** gehört zum Typus der Ermitage, kleinen Parkschlösschen, in die sich die Herrscher gelegentlich zurückzogen, um in Abgeschiedenheit, verbunden mit religiöser Einkehr, dem offiziellen höfischen Leben zu entrinnen. Typisch für diese Einsiedeleien ist die Ausgestaltung des Baus als künstliche Ruine aus Ziegeln mit abgebröckeltem Putz und beschädigten Architekturteilen, die romanische, gotische und orientalische Stilformen nachahmen, um eine verfallene und in verschiedenen Epochen reparierte Behausung vorzutäuschen. Die Haupträume im Inneren, die Magdalenenkapelle und der Vorraum, sind mit Tuffsteinen, Kieselsteinen, künstlichen Korallen und Muscheln nach Art von Grotten verkleidet. Die übrigen Räume besitzen eine betont einfache Holzvertäfelung.

Die **Pagodenburg**, ein Ruheort für das Kugelspiel »Maille«, ist ein bedeutendes Zeugnis für die im 18. Jh. in Europa verbreitete Chinamode, mit der sich die adelige Oberschicht in das vermeintlich sorglose, luxuriöse Leben des fernen Landes versetzen wollte. Der Grundriss des 1716–19 von Joseph Effner erbauten Gartenpavillons, ein zentrales Achteck mit Kreuzarmen, stammt angeblich vom Auftraggeber selbst, Kurfürst Max Emanuel. Während der Außenbau mit den Kolossalpilastern keine Anklänge an Ostasiatisches zeigt, finden sich in den Innenräumen Chinoiserien, im Obergeschoss in Form der beliebten Lackmalerei.

Die **Badenburg**, 1719–21 von Hofarchitekt Joseph Effner für Kurfürst Max Emanuel erbaut, war das erste dem Baden gewidmete Schlösschen Europas, vielleicht angeregt durch türkische Bäder, die der Bauherr auf seinen Feldzügen in Ungarn kennengelernt hatte. Über einem symmetrischen Grundriss sind ein reich dekorierter, hoher Festsaal mit einem Deckenfresko von Jacopo Amigoni (nach Kriegszerstörung rekonstruiert), ein kleines Appartement und das eigentliche Schwimmbad angeordnet. Dieser Badesaal mit im Sockel eingelassenem, beheizbarem Schwimmbecken ist über dem Wasserspiegel mit weiß-blauen Kacheln ausgestattet sowie einer Galerie auf Konsolen, von der aus die Hofgesellschaft dem Kurfürsten beim Schwimmen zusehen konnte.

Im **Grünen Brunnhaus** kann man das Anfang des 19. Jh.s vom berühmten Ingenieur Joseph von Baader geschaffene gusseiserne **Pumpwerk** bewundern, die älteste, seit ihrer Erbauung ständig arbeitende Maschine Europas und ein Meisterwerk der Ingenieurkunst, das zusammen mit anderen Pumpen die Fontänen des Parks zum Sprudeln bringt.

Das **Marstallmuseum** im Südflügel des Schlosses mit über vierzig repräsentativen Kutschen, Schlitten, Pferdegeschirren und Reitzubehör gehört zu den bedeutendsten seiner Art weltweit; darunter der berühmte Rokoko-Krönungswagen Karls VII. Im **Johannisbrunnhaus** (Nordtrakt auf der gegenüberliegenden Seite) hat sich ein weiteres Pumpwerk erhalten.

Neuer Botanischer Garten (Menzinger Straße 63; s. Übersichtskarte): Nachdem der Alte Botanische Garten wegen der wachsenden Stadt und der zunehmenden Luftverschmutzung aufgegeben worden war, wurde 1909–14 in direkter Nachbarschaft zum Nymphenburger Schlosspark ein neuer Garten angelegt, der sowohl wissenschaftliche Anforderungen der Botanik als auch künstlerische Kriterien der Gartenarchitektur erfüllte. Vor dem gleichzeitig errichteten Gebäude des Botanischen Instituts der Universität, einem neobarocken Bau mit Jugendstilornamentik, liegt das Parkzentrum mit wie bei einem Barockgarten symmetrisch nach Pflanzengattungen und -arten angelegten Beeten sowie Majolikafiguren von Josef Wackerle und Majolikavasen der Nymphenburger Porzellanmanufaktur. Bemerkenswert sind die 1910–12 angelegten Gewächshäuser, Glas-Eisen-Konstruktionen, die 1964–82 erneuert werden mussten. Die Anlage gilt als eine der größten, reichsten und schönsten botanischen Gärten in Europa.

Bayerisches Landesamt für Maß und Gewicht (Franz-Schrank-Straße 9; s. Übersichtskarte): Der 1926–28 von Karl Badberger errichtete, streng funktionalistische Ziegelbau mit markantem Turm gehört zu den wenigen Beispielen des »Neuen Bauens« der zwanziger Jahre in München.

Mit der 1996–2000 errichteten **Herz-Jesu-Kirche** (Lachnerstraße 8; s. Übersichtskarte) besitzt München einen interessanten zeitgenössischen Kirchenbau. Das Architekturbüro

Allmann Sattler Wappner, Sieger des Wettbewerbs, hat einen zweischaligen Kubus von raffinierter Schlichtheit entworfen: In den äußeren, schwerelos wirkenden Glaskubus ist ein zweiter Kubus aus Holz mit senkrechten Lamellen gesetzt, die zum Altar kontinuierlich zunehmend mehr Licht einfallen lassen. Im Gegensatz dazu nimmt der Lichteinfall der äußeren Glashülle zum Altar hin ab, um diesen Bereich vor Blicken von außen zu schützen. Zwischen beiden Kuben verläuft ein Kreuzweg mit Fotografien der Via Dolorosa in Jerusalem. An hohen Feiertagen kann die gesamte gläserne Eingangsseite durch zwei haushohe Portalflügel geöffnet werden.

Schloss Blutenburg (Seldweg 15; s. Übersichtskarte): Die malerisch zwischen zwei Armen des Flüsschens Würm gelegene mittelalterliche Wasserburg und ihre Schlosskapelle gehören zu den bedeutendsten Werken der Spätgotik in München. Herzog Albrecht III. ließ 1431–40 den Jagdsitz für sich und seine nicht standesgemäße Gattin Agnes Bernauer anlegen. Sein Sohn Sigismund erwählte die Burg zu seinem Ruhesitz und fügte die Schlosskapelle hinzu, nachdem er die Regierungsgeschäfte an seinen Bruder Albrecht abgetreten hatte. Nach baulichen Veränderungen im 17. Jh. und verschiedensten Nutzungen beherbergt die Anlage heute die Internationale Jugendbibliothek. Die Wasserburg des 15. Jh.s setzt sich aus dem turmartigen Herrenhaus, das von einer türmebewehrten Mauer umgeben wird, und einer geräumigen Vorburg mit Wirtschaftsgebäuden und der Schlosskapelle zusammen. Die **Schlosskapelle St. Sigismund** nimmt wegen ihrer hochkarätigen, selten gut erhaltenen spätgotischen Ausstattung mit Altargemälden, Skulpturen, Glasgemälden und (allerdings nur fragmentarischen) Fresken einen besonderen kunsthistorischen Rang ein. Die einschiffige Kirche mit Netzrippengewölben wurde 1488 vermutlich von der Bauhütte der Frauenkirche errichtet. Die drei Altäre des berühmten Malers Jan Polack gelten als Meisterwerke der spätgotischen Tafelmalerei (1491–92). Der Hauptaltar zeigt bei geschlossenen Flügeln die Stifterfigur des Herzogs zusammen mit seinem Namenspatron und dem hl. Bartholomäus. In geöffnetem Zustand erscheint auf dem Mittelbild des Altars anstelle der üblichen Schnitzfiguren ein gemalter *Gnadenstuhl*, eine Darstellung der Dreifaltigkeit mit dem thronenden Gottvater, seinem toten Sohn und der Taube des Hl. Geistes. Das Thema der Dreifaltigkeit kehrt auf dem rechten Flügel mit der *Krönung Mariens* wieder, der die *Taufe Christi* auf dem linken Flügel gegenübergestellt ist. Auf den Nebenaltären sind *Christus als Weltenherrscher* und die *Verkündigung an Maria* dargestellt. Zum Ausstattungsprogramm gehören außerdem die berühmten farbig gefassten Holzfiguren der *Zwölf Apostel*, des *Schmerzensmannes* und der *Schmerzensmutter* (Ende 15. Jh.), Werke eines unbekannten, »Meister der Blutenburger Apostel« genannten Bildhauers; ferner das 1489 datierte Sakramentshaus sowie ein Zyklus von Glasgemälden nach Entwürfen Jan Polacks. Sie zeigen die *Passion Christi* sowie Wappenscheiben der Wittelsbacher Ahnen (1497). Die Themen der Ausstattung veranschaulichen das Selbstverständnis des Auftraggebers: Er führt in Blutenburg ein Leben der Entsagung von der Macht, in der Nachfolge Christi, ist sich aber seiner ruhmreichen Abstammung wohl bewusst.

Untermenzing, St. Martin (Eversbuschstraße 11; s. Übersichtskarte) ist zusammen mit der Blutenburger Schlosskapelle und St. Wolfgang in Pipping eine der wichtigsten spätgotischen Kirchen in der Umgebung Münchens und geht wahrscheinlich wie diese auf die Förderung von Herzog Sigismund (dargestellt im Fenster rechts des Hochaltars) zurück. An den romanischen Turm des Vorgängerbaus wurde Ende des 15. Jh.s die heutige einschiffige Kirche mit tiefem, polygonal geschlossenem Chor angefügt. Der gesamte Kirchenraum ist mit einem typisch spätgotischen Netzgewölbe überspannt, das auf zum Teil figürlich gestalteten Konsolen ruht. Von der einst reichen mittelalterlichen Ausstattung bestehen heute nur noch die Figur *Thronende Madonna mit Kind* von etwa 1440 im »Weichen Stil«, das steinerne Sakramentshäuschen und die Glasgemälde im Chor (u. a. Herzog Sigismund mit Wappen und Jahreszahl 1499). Hochaltar und Seitenaltäre aus dem frühen 17. Jh. sind Beispiele manieristischer Kunst (*Marienkrönung* aus dem Umkreis von Peter Candid); auf der rechten Seite ein lebensgroßes Kruzifix mit *Schmerzhafter Mutter* von 1686.

Pipping, St. Wolfgang (Pippinger Straße 49a; s. Übersichtskarte) geht wie die Schlosskapelle in Blutenburg auf eine Stiftung von Herzog Sigismund zwischen 1478 und 1480 zurück, entspricht aber dem Typus einer spätgotischen Dorfkirche mit flach gedecktem Saalraum und Chor mit Netzgewölbe. Wie die Blutenburger Kapelle verfügt die Kirche über eine einzigartige, weitgehend erhaltende Ausstattung aus der Erbauungszeit. Bedeutend sind der Hochaltar von 1480–85 mit einer Skulptur des *Hl. Wolfgang* im Mittelschrein, flankiert von gemalten Seitenflügeln mit Szenen der Legende des Heiligen; im Chor befinden sich Wandfresken u. a. mit der *Passion Christi*, teilweise inschriftlich 1479 und 1480 datiert, sowie einige Chorfenster mit Glasmalereien aus derselben Zeit.

Das **Gärtnerplatztheater** (I E7) wurde 1864/65, finanziert durch eine Aktiengesellschaft, nach Entwürfen des Architekten Franz Michael Reifenstuel als bürgerliches Volkstheater errichtet. Im Vergleich zu den traditionellen höfischen Theatern und den großen ›Nationaltheatern‹ sind die kleineren Dimensionen, die einfachere Architektursprache und die Lage in der Vorstadt typisch für die bürgerlichen Bühnen der Zeit. Das geschickt auf einem tortenförmigen Grundstück zwischen zwei Straßen angelegte Gärtnerplatztheater bildet zusammen mit dem vorgelagerten Platz den Mittelpunkt des ab 1861 planmäßig angelegten neuen Wohnquartiers der Isarvorstadt. Seit 2012 wird das Theater generalsaniert.

St. Maximilian (Auenstraße 1; I D7): Die 1895–1901 errichtete Pfarrkirche für die Isarvorstadt beherrscht mit ihren hohen Doppeltürmen das stadtseitige südliche Flussufer und bildet ein Gegengewicht zu St. Lukas im Lehel. Anstelle des neugotischen Wettbewerbsentwurfs musste der Architekt Heinrich Freiherr von Schmidt eine neuromanische Basilika mit hölzerner Flachdecke realisieren. Schmidt fand zu einem vereinfachten romanischen Stil, der richtungsweisend für moderne Kirchen des frühen 20. Jh.s wie St. Sebastian in Schwabing wurde. Aufgrund von Fundamentierungsproblemen mussten die Türme an die Stelle des Querhauses mit festem Untergrund verschoben werden. Nach schweren Zerstörungen im Zweiten Weltkrieg wurde die Kirche ohne die hohen Spitzhelme der Türme wiederaufgebaut. Die ursprüngliche Ausstattung durch angesehene Künstler um 1900 ist nur zum Teil erhalten, darunter der ungewöhnliche halbkreisförmige Hochaltar mit Sitzfigur des Kirchenpatrons, überragt von einem neokeltischen Kreuz und flankiert von Reliefs in der Art römischer Grabsteine, die frühe bayerische Heilige wie Winthir und Korbinian zeigen.

Alter Südlicher Friedhof mit St. Stephan (I C7): Im 16. Jh. ließ Herzog Albrecht hier eine Begräbnisstätte für arme Leute mit einer Kapelle (1576–78) anlegen, die 1674–81 durch die heutige Kirche ersetzt wurde. Gemäß der neuen Funktion als Pestfriedhof weihte man die Kirche dem hl. Stephan. Nachdem 1788 alle innerstädtischen Friedhöfe aus hygienischen Gründen aufgelöst wurden, entstand hier der Gesamtfriedhof Münchens. Nach einem Entwurf von Gustav Vorherr erhielt das Areal 1818–21 eine architektonische Einfassung in Form eines Sarkophags. 1844/45 fügte Friedrich von Gärtner einen quadratischen *Campo Santo* nach dem Vorbild italienischer

Friedhöfe hinzu und verband diesen durch eine offene Arkadenhalle mit dem alten Teil. Nach schweren Kriegszerstörungen wurde der Friedhof durch Hans Döllgast vereinfacht neu gestaltet. Hier sind zahlreiche bekannte Architekten, Maler, Bildhauer, Naturwissenschaftler und andere Münchner Persönlichkeiten des 19. Jh.s bestattet.

St. Matthäus (I C6): Die 1953–55 nach Plänen von Gustav Gsaenger erbaute evangelische Bischofskirche war einer der ersten modernen Kirchenbauten Münchens und wurde richtungsweisend für die zukünftige Sakralarchitektur der Stadt. Der asymmetrische Bau in Form eines unregelmäßigen, ›organischen‹ Ovals ist durch konkav-konvex bewegte Wände und Glasfronten sowie durch eine auf- und absteigende Dachlinie geprägt. Der dynamische Baukörper beherrscht zusammen mit dem stereometrischen Glockenturm den Sendlinger-Tor-Platz. Die Kirche ersetzte die benachbarte, 1827–33 errichtete erste protestantische Kirche Münchens, die 1938 abgerissen worden war.

Ehemalige **Frauengebäranstalt** (später **Postscheckamt**, heute Isar-Medizin-Zentrum; I C6): Der 1853–56 nach Entwürfen von Friedrich Bürklein errichtete Krankenhausbau aus Backstein gilt als Prototyp für den neugotischen »Maximilianstil« der Maximilianstraße. Zugleich war es eine der ersten Anlagen in Deutschland für klinische Geburtshilfe. Beim Umbau zum Postscheckamt 1929 veränderte Robert Vorhoelzer die Fassade, indem er die kleinteilige Fenstergliederung durch große Blendbögen zusammenfasste.

St. Elisabeth (I C6): Die 1754 von Kurfürstin Maria Amalia gestiftete Spitalkirche der Elisabethinerinnen, die sich besonders der Krankenpflege widmen, zeigt den Übergang vom Rokoko zum Klassizismus. Von der ehemals bedeutenden Ausstattung, unter anderem mit Deckenfresken von Matthäus Günther, bestehen nach den Zerstörungen des Zweiten Weltkriegs nur noch zwei Werke des bedeutenden bayerischen Rokokobildhauers Ignaz Günther: die *Kreuzigungsgruppe* mit Maria und Johannes im Hochaltar und die beiden seitlich der Altararchitektur sitzenden Figuren von *Zacharias* und *Isaias* (1766) sowie die Kanzel mit ihren reichen Schnitzereien.

Sendling, Alt-St. Margaret (Plinganserstraße 1; s. Übersichtskarte): Die heutige Barockkirche von 1711–13 ersetzt den mittelalterlichen Vorgängerbau, der bei der Sendlinger Mordweihnacht von 1705 zerstört wurde. Auf dem umliegenden Friedhof sind die 800 aufständischen Bauern bestattet, die im Spanischen Erbfolgekrieg von österreichischen Besatzungstruppen niedergemetzelt worden sind. An dieses Ereignis erinnert das Fresko an der nördlichen Außenwand der Kirche (von 1830/31, bis 1964 mehrfach überarbeitet). Der Bau, eine tonnengewölbte Saalkirche mit Turm an der Westseite und polygonalem Chor ist eine typische oberbayerische Dorfkirche des Barock mit bemerkenswerter, unversehrt erhaltener Ausstattung (Altäre, Kanzel, Stuckaturen, Deckengemälde, Künstler unbekannt).

Thalkirchen, St. Maria (Fraunbergplatz 1; s. Übersichtskarte) ist eine für den Münchner Raum typische mittelalterliche, später barockisierte Dorf- und Wallfahrtskirche. Der im Kern gotische Bau von etwa 1400, ein quadratischer Raum mit langem, polygonal geschlossenem Chor, wurde 1692 barock umgebaut sowie mit einer Kanzel und neuen Altären ausgestattet. Bedeutend ist der barocke Hochaltar mit dem verehrten Gnadenbild *Thronende Maria mit Kind* und den beiden seitlichen Heiligen von 1482. 1759 veränderte der Rokokobildhauer Ignaz Günther den Altar. Auf der Eingangsseite im Westen fügte der Architekt Gabriel von Seidl 1907/08 einen neobarocken Erweiterungsbau an.

Thalkirchen, Asamschlössl (Maria-Einsiedel-Straße 45; s. Übersichtskarte): Anders als sein Bruder Egid Quirin schuf sich der erfolgreiche Barockmaler und -architekt Cosmas Damian Asam 1729–32 seinen repräsentativen Künstlerwohnsitz nicht in der Stadt, sondern auf dem Land. Im erhöhten Mittelteil befand sich das Atelier, in dem der Künstler den Auftraggebern seine Werke präsentierte. Die mit illusionistisch gemalter Scheinarchitektur gegliederte Fassade stellt heute, wenn auch nach Kriegszerstörung rekonstruiert, eines der wenigen Beispiele dieser ehemals verbreiteten Art der Fassadenmalerei dar.

Forstenried, Hl. Kreuz (Forstenrieder Allee 180a; s. Übersichtskarte): Die Wallfahrtskirche wurde im 15. Jh. für das wundertätige Kreuz, zu dem die Gläubigen seit 1229 pilgerten, errichtet. Der im Stil spätgotischer Dorfkirchen angelegte Bau wurde 1672 von Kaspar Zucalli und 1749 erneut barockisiert. Das um 1200 vermutlich im Kloster Seeon geschaffene Kruzifix im barocken Hochaltar ist eine der bedeutendsten romanischen Skulpturen Bayerns. Wie in der Romanik üblich, ist der gekreuzigte Christus nicht als Toter, sondern als ›Lebender‹, der über den Tod triumphiert, dargestellt. Die Füße sind übereinander genagelt, wie es später für die Gotik typisch wird. Die durch grafische Bemalung akzentuierte Körperbehandlung ist stilisiert.

Schloss Fürstenried (Forst-Kasten-Allee 103; s. Übersichtskarte) ließ Kurfürst Max Emanuel 1715–17 vom Hofarchitekten Joseph Effner als Jagdsitz erbauen: eine von Schloss Nymphenburg inspirierte, aber bescheidenere Anlage im für Landschlösser typischen Pavillonsystem. Den zentralen Hauptbau flankieren seitliche niedrige Galerien, die zu den kleinen Nebenpavillons führen. Die rechtwinklig anschließenden Seitenbauten bilden einen großen Ehrenhof vor dem Schloss. Die auf das Schloss zuführende, acht Kilometer lange Straßenachse ist auf die Türme der Frauenkirche ausgerichtet: trotz Beeinträchtigung durch die vorbeiführende Autobahn das einzige erhaltene Beispiel barocker Raumplanung in München.

Museen

München besitzt eine der reichsten und bedeutendsten Museumslandschaften der Welt. Berühmt sind vor allem die Kunstmuseen, die – zum Teil im **Kunstareal** konzentriert – Objekte aller Gattungen aus einem Zeitraum von der Vor- und Frühgeschichte, der Antike und dem Alten Ägypten bis in die Gegenwart zeigen. Weltruhm genießen auch die naturwissenschaftlich-technischen Sammlungen, allen voran des Deutschen Museums. Allgemeine Informationen unter www.museen-in-muenchen.de

Alte Pinakothek (II D4): Eine der bedeutendsten Gemäldegalerien der Welt mit Werken europäischer Malerei vom 14. bis zum 18. Jh. Siehe S. 107. (www.pinakothek.de)

Archäologische Staatssammlung (I F4): In dem 1973–75 entstandenen Gebäude der Architekten Werz, Ottow und Partner, das als erster moderner Museumsbau Bayerns gilt, sind Funde der Vor- und Frühgeschichte, der Römerzeit und des frühen Mittelalters aus Bayern ausgestellt. 2016–20 wegen Sanierung geschlossen. (www.archaeologie-bayern.de)

Architekturmuseum der Technischen Universität München (II D4): Deutschlandweit größte Spezialsammlung für Architektur des 16.–20. Jh.s. Ausstellungsräume in der Pinakothek der Moderne. Siehe S. 112. (www.architekturmuseum.de)

Bavaria und Ruhmeshalle (Theresienhöhe 16; s. Übersichtskarte): Blick auf München von der Aussichtsplattform im Kopf der Statue; Büsten verdienter bayerischer Persönlichkeiten. Siehe S. 160. (www.schloesser.bayern.de)

Bayerische Staatsgemäldesammlungen: siehe Alte Pinakothek, Neue Pinakothek, Pinakothek der Moderne, Sammlung Schack.

Bayerische Staatssammlung für Paläontologie und Geologie (II C4): In dem 1899–1902 als königliche Gewerbeschule errichteten Gebäude wird die Entwicklungsgeschichte der Erde und des Lebens anhand von Fossilien von Tieren und Pflanzen aus allen Epochen der Erdgeschichte gezeigt. (www.palmuc.de)

Bayerisches Nationalmuseum (I F/G5): Kunst (besonders Skulpturen und Plastik) und Kunstgewerbe Europas mit Schwerpunkt Süddeutschland vom Mittelalter bis ins frühe 20. Jh. sowie volkskundliche Objekte (berühmte Krippensammlung). Siehe S. 94. (www.bayerisches-nationalmuseum.de)

BMW Museum und **BMW Welt** (Petuelring 130; s. Übersichtskarte): Dauerausstellung zur Geschichte des Automobils und zur Unternehmensgeschichte; Ausstellungs-, Auslieferungs- und Eventhalle mit den neuesten BMW-Modellen. Siehe S. 134 f. (www.bmw-museum.de; www.bmw-welt.com)

Deutsches Jagd- und Fischereimuseum (I D5): Sammlung zu Jagd und Fischerei in der Kunst sowie Waffen und Trophäen in der umgebauten ehemaligen Augustinerkirche (www.jagd-fischerei-museum.de)

Deutsches Museum von Meisterwerken der Naturwissenschaft und Technik (I E/F7): Größtes und bedeutendstes technisch-naturwissenschaftliches Museum der Welt. Siehe S. 151. (www.deutsches-museum.de)

Deutsches Museum Verkehrszentrum (Theresienhöhe 14a; s. Übersichtskarte): In den erhaltenen Ausstellungshallen der ehemaligen Münchner Messe, die 1907/08 von Wilhelm Bertsch als moderne Stahlbeton-Skelettbauten (Halle III war damals in ganz Europa die größte Konstruktion dieser Art) errichtet wurden, sind Automobile, Lokomotiven, Straßenbahnen, Zugwaggons, Busse und Fahrräder ausgestellt, gegliedert nach den Themen Stadtverkehr, Reisen, Mobilität und Technik. (www.deutsches-museum.de)

Deutsches Theatermuseum (am Hofgarten; Galeriestraße 4a; I/II E5): 1910 als erste Einrichtung dieser Art gegründet und bis heute führendes deutsches Theatermuseum (www.deutschestheatermuseum.de)

Glyptothek (II C4): Skulptur und Plastik sowie Mosaiken der griechischen und römischen Antike. Siehe S. 118. (www.antike-am-koenigsplatz.mwn.de/glyptothek)

Haus der Kunst (II F4): Internationale Ausstellungen zur zeitgenössischen Kunst. Siehe S. 95. (www.hausderkunst.de)

Jüdisches Museum München (I D6): Dauer- und Wechselausstellungen zur jüdischen Geschichte und Kultur in München. Siehe S. 82. (www.juedisches-museum-muenchen. de)

Kunstbau (am Königsplatz; II C4): Ausstellungen zur Klassischen Moderne und zur zeitgenössischen Kunst der Städtischen Galerie im Lenbachhaus über dem U-Bahnhof. (www.lenbachhaus.de)

Kunsthalle der Hypo-Kulturstiftung (Fünf Höfe; I D5): Bedeutende Wechselausstellungen zu unterschiedlichen Kunstepochen und -themen. Siehe S. 67. (www.kunsthalle-muc.de)

Kunstsammlung des Herzoglichen Georgianum (Professor-Huber-Platz 1; gegenüber der Universität; II E3): Das Museum mit sakralen Kunstwerken (Malerei, Skulptur, Kultgeräte, Gewänder) vom 11. bis zum 20. Jh. ging aus der Lehrsammlung des Priesterseminars hervor, das 1494 in Ingolstadt von Herzog Georg dem Reichen gegründet und 1826 zusammen mit der Universität nach München verlegt wurde. (www.herzoglichesgeorgianum.de)

Literaturhaus München (II D5): Wechselausstellungen, Lesungen, Diskussionsveranstaltungen, Tagungen, Seminare zum Thema Literatur und Medien. (www.literaturhaus-muenchen.de)

Marstallmuseum (Schloss Nymphenburg, Eingang 1; s. Übersichtskarte): In den ehemaligen Stallungen sind repräsentative Kutschen, Schlitten und Reitzubehör aus drei Jahrhunderten der Wittelsbacher Herrscher ausgestellt, eine der weltweit wichtigsten Sammlungen ihrer Art; im Obergeschoss das Museum der 1747 von Max III. Joseph gegründeten Nymphenburger Porzellanmanufaktur (Sammlung Albert Bäuml): Berühmt sind die kleinen Figuren von Franz Anton Bustelli sowie die Jugendstilporzellane. Siehe S. 170. (www.schloss-nymphenburg.de/deutsch/marstall/index.htm)

Münchner Stadtmuseum (I D6): Stadtgeschichte Münchens mit verschiedenen Spezialabteilungen (u. a. Filmmuseum). Siehe S. 82. (www.stadtmuseum-online.de)

Museum für Abgüsse Klassischer Bildwerke (Haus der Kulturinstitute / ehem. Verwaltungsbau der NSDAP; II C4): Gipsabgüsse antiker Plastik und Skulpturen. (www.abguss-museum.de)

Museum Mensch und Natur (Schloss Nymphenburg, Nordflügel): Naturkundemuseum zur Geschichte des Sonnensystems und der Erde, der Entwicklung des Lebens und der Rolle des Menschen als Teil der Natur. (www.mmn-muenchen.de)

Museum Reich der Kristalle (II D4): Sammlung von Mineralien, Kristallen und Edelsteinen aus aller Welt. (www.mineralogische-staatssammlung.de)

Museum Villa Stuck (I G5): Wohnhaus und Ateliergebäude des Malers Franz von Stuck; Werke von Stuck, der Kunst um 1900 sowie moderne und zeitgenössische Kunst. Siehe S. 144. (www.villastuck.de)

Neue Pinakothek (II D3): Europäische Malerei und Skulptur vom späten 18. bis 20. Jh. Siehe S. 110. (www.pinakothek.de/neue-pinakothek)

NS-Dokumentationszentrum (II D4): Lern- und Erinnerungsort zur Geschichte des Nationalsozialismus in München. Siehe S. 116. (www.nsdokuzentrum-muenchen.de)

Pinakothek der Moderne (II D4): Hier befinden sich vier Einrichtungen unter einem Dach: **Sammlung Moderne**

Kunst: Bedeutende Gemälde, Skulptur und Plastik des 20. Jh.s; **Die Neue Sammlung / The Design Museum**: Angewandte Kunst, vor allem bedeutende Sammlung von Industriedesign; **Architekturmuseum der Technischen Universität München** und **Staatliche Graphische Sammlung München** veranstalten hier Wechselausstellungen. Siehe S. 110. (www.pinakothek.de)

Residenzmuseum (Residenz; I E5): Das über fünf Jahrhunderte entstandene Stadtschloss der Wittelsbacher Herrscher mit Schauräumen von der Renaissance bis zum Klassizismus, Silber-, Porzellan- und Reliquiensammlung sowie Schatzkammer (Juwelen, Kroninsignien und andere kostbare Goldschmiede-, Email-, Elfenbein- und Kristallarbeiten vom frühen Mittelalter bis zum 19. Jh.). Siehe S. 48. (www.residenz-muenchen.de)

Sammlung Brandhorst (II D4): Moderne und zeitgenössische Kunst der ehemaligen Privatsammlung Brandhorst. Siehe S. 112. (www.museum-brandhorst.de)

Sammlung Goetz (Oberföhringer Straße 103; s. Übersichtskarte): Privatsammlung zeitgenössischer Kunst der Sammlerin Ingvild Goetz. Besichtigung nur nach telefonischer Voranmeldung. Siehe S. 148. (www.sammlung-goetz.de)

Sammlung Schack (II G5): deutsche Malerei des 19. Jh.s. Siehe S. 94. (www.pinakothek.de/schack-galerie)

Schatzkammer: siehe Residenzmuseum.

Schlossanlage Schleißheim (Max-Emanuel-Platz 1; s. Übersichtskarte): Barocker Komplex aus Altem Schloss, Neuem Schloss, Schloss Lustheim und Park. Im Alten Schloss Museum neuerer religiöser Volkskunst aus aller Welt (Sammlung Gertrud Weinhold); im Neuen Schloss Staatsgalerie Europäische Barockmalerei der Bayerischen Staatsgemäldesammlungen; in Schloss Lustheim Meißener Porzellan-Sammlung Stiftung Ernst Schneider. (www.schloesser-schleissheim.de)

Spielzeugmuseum (Altes Rathaus; I E6): Spielzeug vom ausgehenden Mittelalter bis zum Ende des 18. Jh.s.

Staatliche Antikensammlungen (II C4): Vasen, Bronzen, Terrakotten sowie Gold und Silber der Antike. Siehe S. 120. (www.antike-am-koenigsplatz.mwn.de/staatliche-antikensammlungen-muenchen)

Staatliches Museum Ägyptischer Kunst (II D4): Bedeutende Kunstwerke aus allen Epochen des Alten Ägypten. Siehe S. 113. (www.aegyptisches-museum-muenchen.de)

Staatliche Graphische Sammlung (Haus der Kulturinstitute / Pinakothek der Moderne; II D4): Europäische Zeichnungen und Druckgrafiken des 15.–20. Jh.s, die in Wechselausstellungen in der Pinakothek der Moderne gezeigt werden. Siehe S. 112. (www.sgsm.eu)

Staatliche Münzsammlung (Residenz; I E5): Eine der weltweit größten Sammlungen von Münzen, Geldscheinen, Medaillen und Gemmen aus verschiedenen Ländern von der Antike bis heute. (www.staatliche-muenzsammlung.de)

Museum Fünf Kontinente (früher **Staatliches Museum für Völkerkunde**; I F6): Bedeutende Sammlung außereuropäischer Kunst aus Afrika, Mittel- und Südamerika, Ozeanien, Süd-, Südost- und Ostasien. Siehe S. 90. (www.museum-fuenf-kontinente.de)

Städtische Galerie im Lenbachhaus (II C4): Im ehemaligen Wohn- und Atelierhaus des Malers Franz von Lenbach Münchner Malerei des 15. bis 19. Jh.s, deutsche Kunst des frühen 20. Jh.s, darunter die weltberühmte Sammlung von Werken der Künstlergruppe »Der Blaue Reiter«, und zeitgenössische internationale Kunst. Siehe S. 121. (www.lenbachhaus.de)

Valentin-Karlstadt-Musäum (südlicher Isartorturm; I E6): Zeugnisse und Kuriositäten zum Leben des Münchner Komikers Karl Valentin und seiner Partnerin Liesl Karlstadt; Volkssängermuseum. Siehe S. 85. (www.valentin-musaeum.de)

Anhang

München – Übersicht
0 1 2 3 km
Karlsfeld
92
Hasen-
bergl
Feld-
moching
Dachauer Str.
Am H
99
Allach-
Max-Born-Str.
304
99
Milberts
hofen
Unter-
menzing
Alt-St. Martin
Moosach
St. Martin
BMW-Welt
BMW-Mus
8
Ober-
menzing
Borstei
Landshuter Allee
Olympia-
park
Bayerisches
Landesamt für
Maß u. Gewicht
Neuer
Botanischer
Garten
Verdistr.
Neuhausen
KARTE II
Blutenburg
Nymphenburg
St. Wolfgang
(Pipping)
Nymphenburger
Schloss und Park
Herz-Jesu-Kirche
Schwab
Arnulfstr.
Villenkolonie/
Wohnhaus
Riemerschmid
Max-
vorstadt
Landsberger
2
Straße
Pasing
Laim
Ledigenheim
St. Paul
Anaton
Bavaria/
Theresienwiese/
Dt. Museum,
Verkehrszentrum
Goethe-
platz
Garmischer Str.
96
Fürstenrieder Straße
Gräfeling
Alt-St. Margaret
Sendling
Hadern
Thalkirchen
St. Maria
Tierpar
Hellabr
Schloss
Fürstenried
Boschetsrieder Str.
Asamschlössl
95
Fürstenried
Forstenried
Hl. Kreuz
11
St. Anna
Harlachi
Neuried

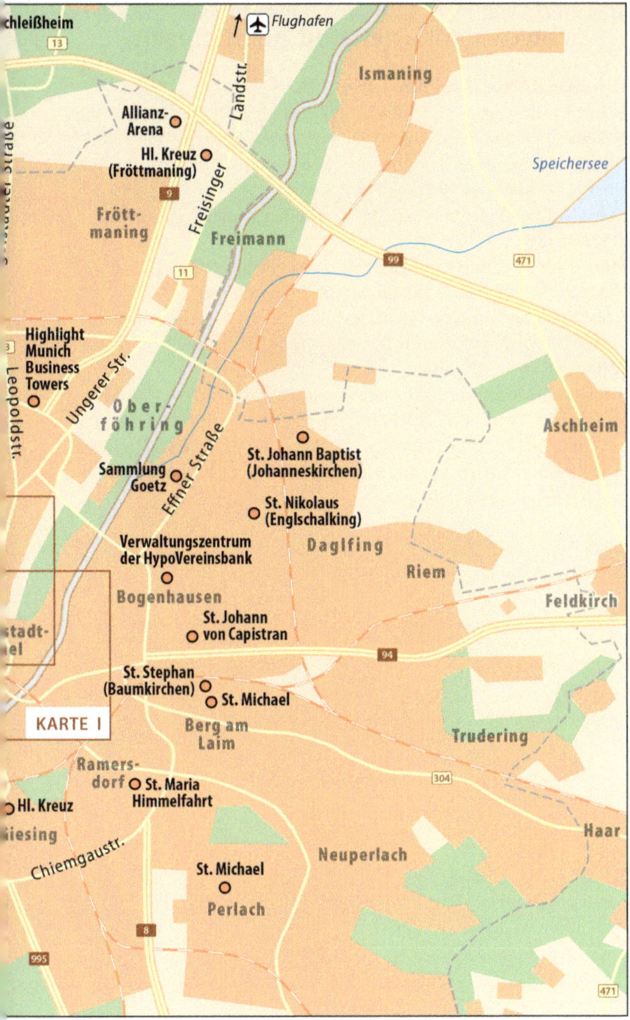
chleißheim
13
Flughafen
Landstr.
Ismaning
Allianz-
Arena
Hl. Kreuz
(Fröttmaning)
Freisinger
Speichersee
9
Frött-
maning
Freimann
99
471
11
Highlight
Munich
Business
Towers
Ungerer Str.
Leopoldstr.
Ober-
föhring
Effner Straße
Aschheim
St. Johann Baptist
(Johanneskirchen)
Sammlung
Goetz
St. Nikolaus
(Englschalking)
Verwaltungszentrum
der HypoVereinsbank
Daglfing
Riem
Bogenhausen
Feldkirch
St. Johann
von Capistran
94
St. Stephan
(Baumkirchen)
St. Michael
KARTE I
Berg am
Laim
Trudering
Ramers-
dorf
St. Maria
Himmelfahrt
304
Hl. Kreuz
Haar
Chiemgaustr.
Neuperlach
St. Michael
Perlach
8
995
471

Nachweis der Karten und Abbildungen

akg-images / bildarchiv Monheim: S. 168
F. Fotolia/Boggy: S. 39; F. / fottoo: S. 132 f.; F. / Mikhail Markovskiy: S. 78
Imago/Imagebroker: S. 52, 86, 99; I. / Reinhard Kurzendörfer: S. 154
Christa Knijff / Alamy Stock Foto: S. 127
Klaus Kühner, HüttenWerke: Karten in den Umschlagklappen, S. 165, 186 f.
Münchner Stadtmuseum, Sammlung Angewandte Kunst: S. 84
Museum Villa Stuck: S. 145 (Foto: Wolfgang Pulfer)
Anna Schulze, Hannover: S. 50, 51
Staatliche Antikensammlungen und Glyptothek München: S. 119 (Foto: Renate Kühling)
Staatliches Museum Ägyptischer Kunst: S. 114 (Foto: M. Franke)
Wikimedia Commons: S. 63, 109, 122, 163; W. C. / British Library: S. 102; W. C. / Jorge Royan: S. 151; W. C. / N p holmes: S. 62; W. C. / Rufus46: S. 92; W. C. / sailko: S. 44; W. C. / Yelkrokoyade: S. 16

Weiterführende Informationen

Literaturhinweise

Allwang, Karl: Ein Führer durch die Ausstellungen. Deutsches Museum von Meisterwerken der Naturwissenschaft und Technik. München 2010.
Altmann, Lothar: Streifzüge durch Münchens Kunstgeschichte. Von der Romanik bis zur Gegenwart. Regensburg 2008.
Bärnreuther, Andrea: Revision der Moderne unterm Hakenkreuz. Planungen für ein neues München. München 1993.
Bauer, Helmut (Hrsg.): Schwabing Kunst und Leben um 1900. Katalog zur Ausstellung im Münchner Stadtmuseum 1998. München 1998.
Bauer, Hermann/ von der Mülbe, Wolf Christian: Barocke Deckenmalerei in Süddeutschland. München, Berlin 2000.
Bauer, Reinhard: Kleine Geschichte Münchens. München 2008.
Bauer, Richard: Geschichte Münchens. Vom Mittelalter bis zur Gegenwart. München 2008.
Baumstark, Reinhold: Die Alte Pinakothek München.München ^{5}2015.
Biller, Josef H. / Rasp, Hans-Peter: München. Kunst und Kultur. Stadtführer und Handbuch. München ^{2}2006.
Billeter, Felix / Günther, Antje / Krämer, Steffen (Hrsg.): Münchner Moderne. Kunst und Architektur der zwanziger Jahre. München/ Berlin 2002.
Burs, Michael: Museum Villa Stuck. München 2012.
Dehio, Georg: Handbuch der Deutschen Kunstdenkmäler. Bayern IV: München und Oberbayern. München 2006.
Dramm, Joachim: München. Mit Schloss und Park Schleissheim. Zürich/München 1983.
Eikelmann, Renate (Hrsg.): Bayerisches Nationalmuseum. Handbuch der kunst- und kulturgeschichtlichen Sammlungen. München 2000.
Faltlhauser, Kurt (Hrsg.): Die Münchner Residenz. Geschichte, Zerstörung, Wiederaufbau. Ostfildern 2006.
Friedel, Helmut / Mühling, Matthias: Das Lenbachhaus. München 2013.
Gallas, Klaus: München. Von der welfischen Gründung Heinrichs des Löwen bis zur Gegenwart. Kunst, Kultur, Geschichte. Köln ^{3}1980.

Götz, Norbert / Schack-Simitzis, Clementine (Hrsg.): Die Prinzregentenzeit. Katalog zur Ausstellung im Münchner Stadtmuseum. München 1988.
Haberlik, Christina: Neue Architektur in München. Berlin 2004.
Herpich, Brigitte: Bürgerhäuser und Villen in München. Bd. 1: Schwabing. Delmenhorst 2007; Bd. 2: Bogenhausen. Delmenhorst 2008.
Heydenreuter, Reinhard: Kleine Münchner Stadtgeschichte, Regensburg [2]2012.
Hildmann, Andreas / Jocher, Norbert (Hrsg.): Die Münchner Kirchen. Regensburg 2008.
Huse, Norbert: Kleine Kunstgeschichte Münchens. München [4]2009.
Klingsöhr-Leroy, Cathrin: Die Pinakothek der Moderne München. München 2005.
Körner, Hans-Michael: Die Wittelsbacher vom Mittelalter bis zur Gegenwart. München [2]2015.
Kotteder, Hans (Hrsg.): Der Krieg ist aus. Erinnern in München nach 1945. Katalog der Ausstellung im Münchner Stadtmuseum. München 2005.
Langer, Brigitte: Nymphenburg. Schloss, Park und Burgen. Amtlicher Führer. München [2]2014.
Lenz, Christian: Die Neue Pinakothek München. München [5]2011.
Metzger, Rainer: München. Die große Zeit um 1900. Kunst, Leben und Kultur 1890–1920. Wien 2008.
Mollenhauer, Bernd: Jugendstil in München. München 2014.
Nerdinger, Wilfried (Hrsg.): Architekturführer München. Berlin [3]2007.
– Leo von Klenze. Architekt zwischen Kunst und Hof 1784–1864. München 2000.
Neumann-Adrian, Edda / Neumann-Adrian, Michael: Münchens Lust am Jugendstil. Häuser und Menschen um 1900. München [2]2006.
Ottomeyer, Hans: Wege in die Moderne. Jugendstil in München 1896–1914. Kassel 1996.
Quaeitzsch, Christian: Residenz München. Amtlicher Führer. München 2014.
Rosenfeld, Gavriel D.: Architektur und Gedächtnis. München und Nationalsozialismus. Strategien des Vergessens. München/Hamburg 2004.

Rühl, Anna: Das Museum Brandhorst. München 2013.
Schoske, Sylvia / Wildung, Dietrich: Das Münchner Buch der Ägyptischen Kunst. München 2013.
Schütz, Bernhard: Die kirchliche Barockarchitektur in Bayern und Oberschwaben 1580–1780. München 2000.
Schuster, Peter-Klaus (Hrsg.): Die ›Kunststadt‹ München 1937. Nationalsozialismus und ›Entartete Kunst‹. München [2]1988.
Schwab, Hans-Rüdiger (Hrsg.): München. Dichter sehen eine Stadt. Texte und Bilder aus vier Jahrhunderten. Stuttgart 1990.
Till, Wolfgang / Weidner, Thomas (Hrsg.): Typisch München. Das Jubiläumsbuch des Münchner Stadtmuseums. München 2008.
Wünsche, Raimund: Glyptothek München. Meisterwerke griechischer und römischer Skulptur. München 2005.
Wünsche-Werdehausen, Elisabeth / Kratzsch, Klaus: Italien in Bayern. Kunst und Künstler. Lindenberg im Allgäu 2010.

Internetseiten

Homepage der Stadt:
www.muenchen.de

Sehenswürdigkeiten, Besichtigungen:
www.muenchen.de/sehenswuerdigkeiten
www.muenchen-touristeninformation/sehenswuerdigkeiten
www.muenchenarchitektur.com
www.memoryloops.net
www.erzbistum-muenchen.de
www.museen-in-muenchen.de
www.schloesser. bayern.de

Veranstaltungen:
www.muenchen-online.de
www.inmuenchen.de
www.muenchen.de/veranstaltungen
www.staatsoper.de
www.staatstheater.bayern.de

Objektregister

Personenregister

Zur Autorin

Elisabeth Wünsche-Werdehausen studierte Kunstgeschichte, Archäologie und Städtebau in Bonn, Wien, Mailand und Rom. Nach der Promotion war sie Stipendiatin und wissenschaftliche Mitarbeiterin an der Bibliotheca Hertziana in Rom (Max-Planck-Institut für Kunstgeschichte), anschließend am Kunsthistorischen Institut der Ludwig-Maximilians-Universität in München. Zu den Schwerpunkten ihrer zahlreichen Veröffentlichungen gehören die Architektur der Renaissance und des Barock in Norditalien, das Mäzenatentum von Fürsten und Fürstinnen im 17. und 18. Jh. sowie die Kunstbeziehungen zwischen Bayern und Italien. Bei Reclam erschien von ihr der Städteführer Venedig (Universal-Bibliothek Nr. 19246). Sie lebt heute als freie Autorin und Übersetzerin in München.